우리 아이 부자체질

만드는 엄마의 사소한 행동

「稼ぐ子」に育てるために今すぐやめる24のタブー

우리 아이 부자체질

만드는 엄마의 사소한 행동

부자는 타고나는 것이 아니라 만드는 것

고도 토키오 지음 **신찬** 옮김

매일경제신문사

이 책은 부자가 될 수 있는 토대를 만드는 자녀 교육에 초점을 맞추고 있습니다. 여기서의 '부자'는 단순히 돈이 많은 사람이 아니라 자기 능력으로 성공하여 경제적 자유를 이룬 사람을 의미합니다. 세상 모든 사람을 부자와 빈자, 성공한 사람과 실패한 사람으로 명확히 나눌 수는 없습니다. 성공한 사람이 모두 부유한 것은 아니며, 가난하다고 실패한 삶도 아닙니다. 다만 대비되는 특징을 한 단어로 나타내기 위해 '성공한 사람, 부자'와 '실패한 사람, 가난한 사람' 등으로 표기했음을 밝힙니다.

세상의 모든 부모는 아이가 잘 되기를 바란다. 정서적으로도 그렇지만, 이왕이면 가난한 사람보다 부자가 되기를 바랄 것이다. 여러분의 아이는 성공한 사람으로 자랄 수 있을까? 그 가능성을 예측할 수 있는 간단한 질문을 소개해보겠다. 다음 중 자신에게 해당하는 항목이 몇 개인지 골라보자(자녀가 아직 많이 어리다면 예측해서 답변해보자).

- 용돈을 주는가?
- 숙제하라고 말하는가?
- 저금하라고 말하는가?
- 낭비하면 주의를 주는가?
- 용돈 기입장을 쓰게 하는가?
- 나쁜 아이와 어울리지 못하게 하는가?

- 세뱃돈을 주는가?
- 아이가 실패하지 않도록 도와주는가?
- 대학에 진학을 해도 집에서 통학시키겠는가?
- 될 수 있는 한 많은 재산을 물려주고 싶은가?

결론부터 말하면, 선택한 항목이 많은 부모일수록 자녀가 어른이 돼서 돈 때문에 고생할 가능성이 높다. 대략 다섯 개 이상은 위험 수준이다.

이 질문은 부모의 '빈곤체질'을 알아보는 것이지만 이러한 부모의 성향은 자녀에게 그대로 유전(의학적인 의미가 아니다)된다. 따라서 많은 항목을 선택한 부모의 자녀는 궁핍한 삶을 살 위험이 크다. 앞서 빈곤체질이라는 말을 사용했는데, 이 책에서 체질은 후천적으로 몸에 익은 생활습관이나 행동, 버릇, 가치관을 의미한다. 즉 바꿀 수 있는 것이다.

어떤 부모도 자기 아이가 돈 때문에 고생하는 불행한 삶을 살기를 원치 않는다. 하지만 모든 사람이 부자가 될 수는 없다. 세상에는 어렵사리 대학을 졸업하고도 밥벌이를 못하는 사람도 적지 않고, 부모에게 많은 재산을 물려받고도 망하는 사람도 있다. 그렇다면 아이의 미래를 결정하는 결정적인 요소는 무엇일까?

나는 경영 및 투자 컨설턴트로 일하며 지금껏 수많은 성공한 사람들과 관계를 맺어왔다. 그들에게는 몇 가지 공통점이 있는데 알기 쉬운 예로 살펴보면 다음과 같다.

❶ 자신의 길을 스스로 개척하려는 의지
❷ 새로운 일이나 고난에 과감하게 도전하는 자세
❸ 실패해도 바로 일어서는 회복탄력성

어디선가 한 번쯤 들어봤을 만한 내용이고 성공적인 삶을 위해 없어서는 안 될 조건이지만 학교나 사회에서는 가르쳐 주지 않는다. 그럼 그들은 어떻게 이런 자질을 갖추게 되었을까? 나는 이 질문을 푸는 열쇠가 가정교육에 있다고 생각했다. 그래서 지난 10년간 부유층과 빈곤층의 사고방식과 행동양식을 관찰하고 조사했으며, 성공한 사람들이 어릴 때 집에서 어떤 교육을 받았는지 취재했다. 뿐만 아니라 막대한 양의 비즈니스 서적과 문헌을 보고 저명한 경영자와 부자의 삶, 그리고 그들의 어린 시절을 조사했다.

오랜 조사를 통해 경제적 자유를 누리는 사람의 부모와 그렇지 못한 사람의 부모의 행동에 차이가 있음을 알게 되었다. 특히 후자의 경우 특징이 뚜렷했다. 앞서 살펴본 10가지 항목이 바로 그것이다. 부모의 잘못된 행동을 보고 자란 아이의 대부분은 부모와 마찬가지로 빈곤체질을 가진 어른으로 클 가능성이 크다. 물론 가난한 가정에서 컸지만 성공한 사람도 있다. 부모의 생각과 행동이 올바르면 자녀는 학력과 관계없이 성공할 수 있다는 사실에도 확신을 갖게 되었다.

이 책에는 아이를 부자로 키우고 싶은 부모들이 기억해야 할 24가지 조언을 담았다. 단순히 자녀를 어떻게 가르치는지가 아니라 우리가 은연중에 가지고 있는 '돈'에 대한 편견과 오해를 짚어보고, 실제 사례도 살펴봤다. 단언하건대 부모가 의식을 바꾸면 자녀를 성공한 어른으로 키울 수 있다. 돈은 자연스럽게 따라올 것이다. 육아에 정답은 없다고들 하지만 이 책이 자녀를 대하는 부모의 마음가짐을 다시 한번 더 생각하는 계기가 된다면 기쁘겠다.

고도 토키오

CONTENTS

PART 4 가능성의 싹을 꺾지 말 것

PART 1

돈 교육의
'상식'을 버릴 것

용돈으로 계획성 있게 소비하는 습관 만들기, 낭비하지 않기, 용돈 기입장을 쓰고 꾸준히 저금하기… 지금껏 당연하다 여겼던 경제 교육이 외려 아이를 '빈곤체질'로 만든다? 본격적인 경제 교육에 앞서 지금까지의 잘못된 상식을 버리는 것부터 시작하자.

01

용돈을 주지 마라

대다수의 부모가 용돈이 계획적인
돈 관리에 도움을 준다고 생각한다.
그런데 과연 그럴까?

용돈을 준다 vs.
용돈을 주지 않는다

가정 내 경제 교육이라고 하면 가장 먼저 떠오르는 것이 '용돈'이다. 언제부터 줄 것인가, 얼마를 줄 것인가 등 고민스러운 게 사실이다. 성공한 사람들의 이야기를 들어보면 용돈을 받지 않았다는 답변이 의외로 많다. 대부분 사야 할 물건이 있을 때마다 필요한 만큼의 돈을 받았다고 한다. 용돈이 없다는 건 과연 무엇을 의미할까?

유명인을 예로 들어보자. 아들 삼형제를 모두 미국 명문 스탠퍼드대학교에 진학시킨 아그네스 창(Agnes Chan, 일본에서 활동하는 홍콩출신 가수로 유니세프 동아시아태평양지역 친선대사로 활동 중이다)의 사례다. 그녀 역시 용돈을 정하지 않고 아이들이 그때그때 필요로 하는 만큼씩 돈을 줬다고 한다. 스탠퍼드대학교나 하버드대학교 같은 아이비리그는 시험 성적도 당연히 좋아야 하지만 이것만으로는 입학할 수 없다. 에세이나 면접도 쉽지 않을뿐더러 과외활동도 평가하기 때문에 다방면에 뛰어난 학생이 아니면 합격하기 힘들다. 이런 대학에 한 명도 아니고 삼형제 모두 입학시키다니, 대단하다.

그녀가 장남과 함께 쓴 《자녀교육 시 절대로 해서는 안 되는 35가지》를 보면 용돈에 대한 입장을 잘 알 수 있다. 책에서 장남 카네코는 다음과 같이 밝혔다.

"어릴 때 용돈은 없었지만 돈이 궁하다는 생각은 해본 적이 없었어요. 뭔가 필요하거나 하고 싶은 일이 있으면 부모님과 상의해서 그때마다 돈을 받았죠. 부모님에게 돈 이야기를 꺼낼 때마다 매번 어떻게 설명할지 고민했어요. 덕분에 자연스럽게 불필요한 걸 가려낼 수 있게 된 것 같아요. 또 부모님은 여행 등 뭔가를 체험하는 데는 아낌없이 돈을 지원해 주셨어요. 그래서 물건보다는 경험이 더 중요하다는 사고를 갖게 되었죠."

용돈의 진짜 의미

대다수의 부모가 용돈이 계획적인 돈 관리에 도움을 준다고 생각한다. 그런데 과연 그럴까?

용돈은 월급쟁이를 전제로 한 발상이다. 일반적으로 회사원처럼 월급을 받는 사람들은 매월 수입이 일정하다. 그래서 그 범위 내에서 자금을 운용하고 생활을 꾸려나간다. 아무래도 고정적으로 월급을 받다 보면 '이번 달은 돈이 없어서 못 사', '우리 경제력으로는 그건 좀 무리야' 등과 같이 돈이 없다는 이유로 포기하거나 '이 돈이면 몇 달치 월급이네'와 같은 생각이 몸에 밴다.

수입이 일정한 회사원은 원하는 것을 갖기 위해 돈을 더 벌겠다는 생각 대신 돈을 모아서 사거나 할부로 산다는 생각을 하게 된다. 주어진 범위 내에서 참고 견디는 정신이 몸에 배면 더 이상의 의욕도 생기지 않고 열정도 기를 수 없다. 즉 조촐한 삶에 만족하고 만다. 아이에게 용돈을 주는 것은 그런 습성을 미리 가르치는 것과 같다.

반면 매월 정해진 용돈이 없고 필요할 때 필요한 만큼의 돈을 받다 보면 돈이 없어서 포기한다는 발상 자체를 하지 않는다. 주식회사 라이브도어의 CEO였던 호리에 다카후미도 자신의 트위터에 '용돈이라는 말은 궁핍해 보여서 싫다. 상한선 없이 쓰는 게 이상적이다'라는 글을 남긴 바 있다. 그럼 '금전적 상한선이 없었던 어릴 적 경험이 성공의 토대가 된다'는 가설을 세울 수 있는 걸까?

부모와의 원만한 관계가
욕구를 조절하는 힘을 결정한다

부모 입장에서는 아이가 원하는 대로 다 해주다 보면 참을성 없고 분별없는 아이로 자라지 않을까 걱정이 되기도 할 것이다. 하지만 꼭 그렇지는 않다. 부모에게 충분히 사랑을 받고 있다는 안도감만 있으면 아이는 용돈이 없어도 욕구를 조절할 수 있다. 굳이 물건으로 욕망을 채울 필요도 없고, 친구보다 우위를 점하려고 애쓸 필요도 없기 때문이다. 부모가 대화 상대이자 놀이 상대로 충분하면 값비싼 장난감에 의존할 이유도 없다.

누구나 어릴 때는 아이스크림을 사달라고 조르기도 하고 친구가 가지고 있는 걸 보고 자기도 갖고 싶다고 울기도 한다. 또 마트에 데리고 가면 이것저것 사달라고 떼쓰는 일도 용돈은 월급쟁이를 전제로 한 발상이다.
매월 수입이 일정한 회사원들은 언제나
자기 수입 내에서 자금을 운용하고 생활을
꾸려나간다. 용돈은 아이에게 월급이나
마찬가지다.

많다. 이런 모습에 곧바로 "안 돼", "못 사줘"라고 거절하면 아이의 마음은 '돈만 있다면 살 수 있을 텐데…'라는 원망 섞인 욕망으로 치닫는다.

이럴 때는 아이가 왜 사달라고 하는지 귀를 기울여야 한다. 잘 듣고 난 뒤에 적절하게 대응하면 초등학교 고학년이나 중학교에 들어갈 때쯤엔 분별력이 생기므로 더 이상 무모한 요구는 하지 않는다. 아이는 '바로 거절하지 않고 내 이야기를 들어주는구나, 내 마음을 이해해주는구나' 하고 안심하며, 이후에는 필요한 게 생기면 고집을 피우기보다는 신뢰를 바탕으로 부모와 상의한다.

소통 부족이 아이를 빈곤하게 만든다

물론 그렇다고 뭐든 바로 사주라는 의미는 아니다. 아이가 원하는 것이라면 뭐든 다 해줬더니 버릇없이 컸다는 이야기도 심심찮게 들려온다. 하지만 이 경우 아이의 이야기를 들어주는 것이 귀찮아서 돈으로 때우려고 하지는 않았는지 잘 생각해볼 필요가 있다. 아이도 이런 부모의 마음을 눈치채고 있는 것이다. 아이가 고집을 피운다면 아이의 욕망을 지나치게 억압하지 않는 범위 내에서 아이의 생각을 잘 들어보고 의지를 존중해주자. 뭔가를 사줄 때도 부모 입장에서 고르지 말고 아이의 의견을 충분히 들은 뒤 함께 결정해야 한다.

부부 모두 기업가인 지인이 있는데, 아이가 무언가를 사달라고 떼쓴 적이 거의 없다고 한다. 이 가족은 함께 보내는 시간이 많고 소통이 자연스럽다: 매년 가족여행을 떠나 대화하는 시간도 충분히 갖는다고 한다. 아마도 아이는 장난감이나 게임기가 없어도 하루하루가 즐거웠기 때문에 뭘 사달라고 떼쓰지 않았을 것이다.

또 다른 기업가인 지인도 자신의 어린 시절에 대해 인상적인 말을 남겼다.

"우리 집은 그렇게 부자는 아니었지만 부모님은 내가 원하는 건 뭐든 사주셨고 하고 싶은 건 뭐든지 하게 해주셨어요. 그래서 나는 돈이 없다는 이유로 뭔가를 포기해본 적이 없어요. 물론 무조건 돈을 주신 건 아니에요. 갖고 싶은 게 있다고 하면 그게 무엇인지, 왜 갖고 싶은지, 뭐가 좋을 것 같은지 등 관심 있게 물어봐주셨죠. 회사를 세운 뒤 자금이 부족해서 고생을 하기도 했지만, 어릴 때 이렇게 자라서 그런지 자유롭게 생각할 수 있었어요. 무슨 일을 하든 할 수 있다는 자신감으로 충만했다고 할까요?"

이처럼 충분한 대화를 통해 아이가 진짜 원하는 것을 알고, 무엇이든 가능하다는 생각을 심어주면 아이가 자라는 만큼 가능성도 함께 자랄 것이다. 그리고 그것이 곧 돈과 성공이 된다. 아이가 원하는 것을 말할 때 귀담아 듣고 대응하라. 매월 정해진 용돈을 주지 않더라도 아이를 돈 잘 버는 체질로 키울 수 있다.

02

낭비를 혼내지 마라

부모가 낭비라고 생각해도
아이에게는 중요한 일일 수 있다.
아이도 낭비할 의도는 없다.

아이의 낭비를
탓하지 않는다

앞서 용돈을 주지 말라고 했지만 용돈이 무조건 나쁘다거나 모든 가정에서 없애야 한다는 건 아니다. 아이의 성격이나 성향에 따라서는 용돈을 주는 게 오히려 도움이 되기도 한다. 무조건 사달라고 공격적으로 투정을 부리는 아이나 욕구 제어가 안 되는 아이들은 용돈을 줘서 스스로 관리하게 만들어줄 필요가 있다.

다만 아무 생각 없이 용돈을 주면 아이도 아무 생각 없이 쓰게 된다. 또 어느 선까지 용돈으로 해결하고 어느 선부터는 부모가 부담해야 할지 등의 규칙도 정해야 한다. 예를 들면 어릴 때는 과자나 장난감 정도에만 용돈을 썼다면 서서히 문구류, 친구 생일선물 등도 용돈으로 충당하게 조정하는 식이다. 이런 규칙은 아이의 성장과 함께 조금씩 바꿔나가면 된다.

용돈의 의미와 효과를 고려하여 용돈을 주기로 결정했다면 반드시 지켜야 할 게 있다. 바로 아이가 낭비를 하거나 계획 없이 돈을 써도 결코 혼내서는 안 된다는 것이다. 일단 돈 문제로 혼이 나면 부모가 좋아하는 방향으로 소비를 하려는 성향이 생긴다. 용돈을 준 뒤에 간섭하고 혼을 내면 발상의 자유를 침해하는 꼴이 되므로 주의하자.

일본 최대 온라인 의류쇼핑몰 조조타운의 창업자인 마에자와 유사쿠는 한 인터뷰에서 "어릴 때 뭘 좋아했고 어떤 생각을 했었나요?"라는 물음에 다음과 같이 답했다.

"어릴 때는 남들과 똑같은 게 싫어서 어떻게 하면 다를 수 있을까 항상 생각하고 다녔어요. 좋아하는 물건에 대한 애착도 강해서 당시 유행하던 학용품이나 스티커 등을 반에서 가장 많이 모았어요. 장수벌레 채집도 좋아해서 잔뜩 잡아와서는 반 친구들에게 팔았죠(웃음). 아마도 모으는 게 목적이 아니라 그걸 본 친구가 '우아, 그런 것도 갖고 있어?'라고 놀라는 모습이 좋았던 것 같아요. 이것이 오늘날 제 비즈니스의 원천이라고 할 수 있어요."

때로는 유행하는 학용품이나 스티커를 모으는 아이가 한심해 보일지도 모른다. 하지만 부모가 낭비라고 생각해도 아이에게는 중요한 일일 수 있다. 아이도 낭비할 의도는 없다.

본인이 낭비라고 판단하면 당연히 후회하고 아까워할 것이다. 하지만 그때까지는 스스로 결정해서 구입하고 사용해봐야 좋고 나쁨을 실감할 수 있어 다음번에 돈을 쓸 때 시행착오를 줄일 수 있다.

또 스스로 물건을 사봐야 남은 용돈이 얼마인지를 감안해서 반드시 사고 싶은 것이 있을 때 다른 것을 포기할 줄 아는 판단력이 생긴다. 이런 의미에서 부모가 하나부터 열까지 간섭하지 말고 아이가 실패 경험을 쌓을 수 있도록 내버려두는 것이 중요하다.

간혹 돈을 분실하는 일이 생길 수도 있다. 그런데 여기에 소금을 뿌리듯 질타하면 기가 죽고 만다. 누구보다 아이가 큰 상실감을 느꼈을 테니 꾸짖을 때도 주의하자. 우선 속상한 마음에 공감해주고 혼을 내기보다는 "그랬어? 아깝겠다. 다음부터는 어떻게 할 거야?"라고 스스로 생각할 수 있는 분위기를 만들어줘야 한다. 그래야 비슷한 상황에서 같은 실수를 하지 않을 수 있고, 혹시 다시 실수하더라도 회복경험을 떠올리며 수월하게 극복할 수 있다. 어릴 때는 금전적인 실수를 해도 금액이 그리 크지 않아 괜찮지만, 어른이 된 뒤에는 손실이 클 수밖에 없으므로 이에 대한 충분한 훈련이 필요하다.

부모가 낭비라고 생각해도 아이에게는
중요한 일일 수 있다. 스스로 결정해서 구
입하고 사용해봐야 소비에 관한 시행착
오를 줄일 수 있다.

용돈을 한꺼번에 주면
계획성을 기를 수 있다

용돈을 주면서도 1장에서 언급한 용돈의 한계를 최소화 하고 싶다면 어느 정도 기간을 정해서 한꺼번에 주는 게 좋다. 예를 들어 처음에는 주 단위로 주다가 한 달, 반년과 같은 식으로 아이의 성장에 맞춰 늘려가는 것이다. 최종적으로는 일 년분의 용돈을 준다. 기간이 길면 길수록 보다 더 치밀하게 계획을 짜야 해서 계획성을 기르는 데 도움이 된다.

이때 만약 용돈이 부족해져도 부모가 절대 도와줘서는 안 된다. 그러면 용돈을 주는 의미가 퇴색된다. 도저히 어쩔 수 없는 경우라면 이자까지 붙여서 돈을 빌려주는 방식으로 대처할 수 있다. 사회에 나가면 50년 이상을 스스로 벌어서 생활해야 하는데 이 긴 시간을 돈 때문에 고생하지 않으려면 장기적인 계획으로 삶을 설계할 필요가 있다.

예를 들어 직장인 중에는 월급날 전에 돈이 떨어져 월급만으로는 생활이 안 되는 사람이 있다. 이런 사람은 한 달이라는 짧은 기간조차도 계획적인 소비활동을 못하고 있다는 의미다. 이런 상황이라면 늘 모자란 생활에 평소 삶이 퍽퍽하고 노후도 힘들 수밖에 없다.

우리는 살면서 결혼, 출산, 육아, 간병 등의 생애주기별 이벤트뿐만 아니라 집이나 차를 사거나 이직과 실업, 입원이나 사고 같은 돌발 상황도 고려해서 재정 설계를 해야 한다. 그야말로 어떻게 계획을 세우느냐에 따라 인생의 질이 달라진다.

다음은 어떤 경영자의 이야기다. 그의 부모님은 그가 고등학생이 되었을 때 1억 원을 주며 "앞으로 더 이상은 경제적 지원을 하지 않을 테니 너 나름대로 잘 생각해서 돈을 쓰도록 해라"라고 했다. 그는 일주일간 고심한 끝에 부모님께 증권계좌를 개설해달라고 해서 주식을 운용하기 시작했다고 한다. 그때 시작한 주식의 수익으로 대학 등록금을 내고 해외 유학도 다녀왔으며, 이후 자신의 회사를 설립해서 지금은 경영자로 활동하고 있다.

물론 아이의 성향에 따라 용돈의 유무부터 주는 방식과 기간까지 제각기 다를 수밖에 없다. 이런 방식이 맞는 아이도 있지만 그렇지 않은 아이도 분명 있다. 다만 이런 방법으로 아이의 계획성을 길러주는 부모도 있구나 싶어 한편으로 크게 놀랐다.

03

용돈 기입장을
쓰게 하지 마라

애초에 지갑을 열 때 정말로 필요한 지출과
쓸모없는 지출을 구별할 수 있다면
무엇에 돈을 썼는지 일일이
작성할 필요도 없고 확인할 필요도 없다.

쓸 땐 쓰고
아낄 땐 아끼는 게 중요하다

나도 그렇지만 주변의 성공한 사람 중 누구도 가계부를 쓰지 않는다. 이 말은 가계부를 쓸 필요가 없을 정도로 돈이 넘쳐난다는 의미가 아니다. 가계부를 쓰는 사람은 가계부가 쓸모없는 지출을 줄여준다고 주장한다. 물론 일리가 있는 말이다. 그런데 반대로 생각하면 가계부를 쓰지 않으면 쓸모없는 지출이 무엇인지 알지 못한다는 의미이기도 하다. 즉 돈을 쓸 때 별 생각이 없다는 뜻이다.

애초에 지갑을 열 때 정말로 필요한 지출과 쓸모없는 지출을 구별할 수 있다면 무엇에 돈을 썼는지 일일이 작성할 필요도 없고 확인할 필요도 없다. 왜냐하면 필요한 건 반드시 사고 불필요한 건 돈이 남아도 사지 않을 테니 나중에 확인해도 소비패턴은 바뀌지 않을 것이기 때문이다.

대다수의 부자는 필요할 때는 아낌없이 쓰고 그렇지 않을 때는 한 푼도 쓰지 않는다. 비즈니스에서도 마찬가지다. 투자할 때는 대담하지만 불필요한 곳에는 한계점까지 쥐어짠다. 그래서 일반적으로 '있는 사람이 더하다', '부자는 인색하다'고 느끼는 것이다.

반면 가난한 사람의 대다수는 특별한 기준 없이 돈만 있으면 비싼 게 좋다고 생각한다. 요컨대 수입이 늘면 기분이 좋아서 외제차 매장이나 고급 아파트를 기웃거리고 외식을 즐기며 명품을 사는 등 전체적으로 지출이 늘어난다. 자기 경험에 비추어 부자가 소형차를 몰면 '부자라더니 실제로는 돈이 없는 것 아니야?'라고 착각하기도 한다.

그러니 가계부를 쓰는 데 시간과 노력을 들이기보다는 현재 자신이 쓰는 돈이 어떤 의미가 있는지를 꼼꼼히 생각하는 습관을 기르는 게 더 효과적이다. 이런 습관이 몸에 배면 돈을 쓰고 후회하는 일이 크게 줄어든다.

물론 어린 아이가 이런 분별력을 갖기란 쉽지 않다. 만약 아이가 낭비벽이 있어 수중에 돈이 있을 때마다 무조건 다 써버린다면 지금까지 산 물건들이 현재 어떤 상태인지 함께 돌아보는 시간을 갖자. 이는 아이 나름대로 의미 있는 물건과 의미 없는 물건을 스스로 판단하고 검증하는 계기가 된다.

어떻게 줄일지에서
어떻게 늘릴지로!

용돈 기입장을 쓰게 해서 생기는 문제는 이뿐만이 아니다. 앞서 살펴봤듯이 용돈 기입장에는 주로 수입보다 지출 항목이 많다. 이렇게 세세한 지출 내역만 눈에 들어오기 때문에 수입을 늘리겠다는 발상이 잘 생기지 않는다.

실제로 어른들도 가계부를 펼쳐보고 지출이 많을 경우, 대개 어떻게 하면 더 벌 수 있을지 보다는 어떻게 하면 더 절약할 수 있을까를 먼저 생각한다. 하지만 경비절감으로는 한계가 있다. 월수입이 300만 원이면 아무리 허리띠를 졸라매도 사용할 수 있는 돈은 300만 원뿐이다. 이보다는 월수입을 350만 원, 400만 원으로 늘리는 방법을 찾는 방향으로 의식을 전환해야 한다.

어차피 용돈 기입장을 쓰게 할 거라면 수입란이 하나고 지출란이 여러 개인 기존의 형식 대신 지출란이 하나고 수입란이 여러 개인 형태를 활용하여, 어떻게 줄일지가 아니라 어떻게 늘릴지를 생각하는 습관을 만들어주자.

04

돈으로 유혹하지 마라

아이들에게는 호기심이라는
정신적인 보상만 있으면 충분하다.

돈이 전제가 되면
동기부여가 생기지 않는다

숙제 다 하면 얼마, 시험성적이 90점 이상이면 얼마, 반에서 몇 등하면 얼마와 같이 돈으로 아이를 관리하는 부모가 있다. 이런 식으로 자란 아이는 보수가 없으면 움직이지 않는다. 자칫 '공부는 돈을 받기 위한 노동'이라는 가치관이 생겨 자신이 흥미 있는 것에 자발적으로 나서는 자주성과 열정이 결여된 어른으로 크기 십상이다.

심리학자 마크 레퍼Mark Lepper와 데이비드 그린David Greene은 실험을 통해 조건적 보상이 의욕을 떨어트린다는 언더마이닝 Undermining 효과를 입증했다. 이들은 자유놀이 시간에 그림 그리기를 선택한 유치원생을 대상으로, 자발적으로 즐기고 있는 활동에 보상을 제공했을 때 어떤 결과가 나타나는지 실험했다. 아이들은 다음과 같이 세 그룹으로 나뉘었다.

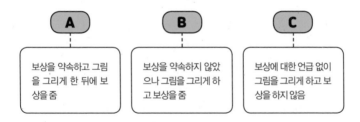

A	B	C
보상을 약속하고 그림을 그리게 한 뒤에 보상을 줌	보상을 약속하지 않았으나 그림을 그리게 하고 보상을 줌	보상에 대한 언급 없이 그림을 그리게 하고 보상을 하지 않음

2주 후, 다시 자유놀이 시간에 그림을 그리게 하고 아이들을 관찰했다. B그룹과 C그룹에 속했던 아이들은 여전히 재미있게 그림을 그렸지만 A그룹에 속했던 아이들은 그림 그리기에 대한 관심이 감소하고 그림을 그리는 시간도 줄어들었다.

그림뿐만 아니라 본래 배우는 일은 즐겁다. 게다가 아이들은 호기심 덩어리라서 세상의 일을 왕성하게 흡수하며 아는 즐거움과 성취의 기쁨을 익혀 간다. 이런 즐거움과 기쁨이 '더 알고 싶어, 더 하고 싶어'라는 동기부여로 이어지는 것이다. 여기에 돈과 같은 물리적인 보상은 필요 없다. 아이들에게는 호기심이라는 정신적인 보상만 있으면 충분하다.

호기심을 해결하기 위해 공부하는 아이는 어른이 되어서도 새로운 것을 배우려는 지적호기심이 줄어들지 않는다. 지적호기심이 많고 끊임없이 공부하는 사람이 경제적으로도 풍요로워질 확률이 높다는 건 두말하면 잔소리다.

어떻게 하면 공부를
즐길 수 있을지 생각하라

아이들은 기본적으로 재미없는 건 하지 않는다. 자아가 형성되는 과정에서 가고 싶은 학교가 생기거나 시험에 합격하고 싶다는 동기가 부여되면 자발적으로 공부하겠지만 어릴 때 공부는 그저 재미없는 것에 지나지 않는다. 그래서 부모가 어떻게 하면 공부를 즐길 수 있는지를 아이 곁에서 함께 고민해줘야 한다. 하지만 현실에는 아이를 감당할 수 없어서 혹은 귀찮아서 무분별하게 학원에 보내는 부모가 적지 않다. 이건 일종의 직무유기나 다름없다.

또 부모가 "성적이 나쁘면 용돈 줄일 줄 알아!"라며 돈으로 협박하면, 사람은 돈으로 조종할 수 있다고 생각하기 쉽다. 무엇보다 성적으로 벌을 받으면 공부가 더 싫어질 뿐이다.

부모는 아이가 보상이 없어도 공부를 할 수 있게끔 배우는 즐거움을 알려줘야 한다. 이때 반드시 책상에 앉혀 책을 읽히거나 문제를 풀도록 해야 배우는 즐거움을 깨닫는 것은 아니다. 예를 들어 TV를 보다가 아이가 궁금해 하면 함께 인터넷으로 찾아보는 것, 산책을 하다가 눈에 보이는 경치에 관해 이야기 하는 것, 이런저런 도구를 모아서 실험해보는 것, 주

말에 박물관이나 미술관을 구경하는 것… 이런 것도 훌륭한
공부다.

마지막으로 아이에게 배우는 즐거움을 알려주려면 무엇보
다 부모가 배움에 대한 호기심이 많아야 한다. 정작 부모 자
신은 새로운 배움을 즐기지 않으면서 아이가 즐기기를 바라
는 건 욕심이다.

노동에는
보수가 따른다

공부가 아니라 설거지를 하거나 집안일을 도울 때마다 보
상을 하는 집도 있는데 이건 어느 정도 의미가 있다. 돈은 그
냥 받는 게 아니라 누군가를 도와주고 얻는 대가라고 가르칠
수 있기 때문이다.

실제로 내가 아는 부잣집에서는 아이의 용돈을 완전히 노
동보수제로 하고 있다. 아이가 용돈이 더 필요하면 "이거 도
와주면 얼마 줘요?"라며 스스로 일을 찾아서 제안한다고 한
다. 보수제는 돈이 그저 ATM에서 화수분처럼 나오는 게 아
니라 노동의 대가이며 부모도 이렇게 돈을 번다는 것을 이해

시키는 효과도 있다.

노동보수제를 도입한 가정의 이야기를 들어보면 대부분 방청소와 같은 일상적인 일에는 보수를 주지 않고 세차나 잡초 제거와 같은 특별한 일에만 대가를 지불한다는 규칙이 있었다. 이는 청소나 세탁, 정리 등 일상생활을 위한 가사는 당연히 해야 하는 일, 즉 보수가 발생하지 않는 별개임을 인식시키기 위함이라고 한다.

05

저금하라고 하지 마라

지갑 속에 갇혀 있는 돈으로는
인생의 다양한 경험을 얻을 수 없다.

돈의 목적을
스스로 정할 수 있게 하라

아이가 용돈이나 세뱃돈을 받으면 으레 "저금해!"라고 하지는 않는가? 물론 아이가 새 게임기를 사겠다며 자발적으로 저금하면 아무 문제가 없다. 아이 나름대로 목적이 있기 때문이다. 하지만 부모가 일방적으로 명령하는 것은 주관성과 판단력을 침해하는 행위다.

돈은 뭔가를 이루기 위한 도구다. 우리는 돈으로 각자의 삶을 영위해간다. 밥을 먹고 잠을 자는 기본적인 생활부터 무언가를 배우고 원하는 것을 갖기 위해서도 돈을 쓴다. 이는 아이도 마찬가지다. 친구와 함께 영화관이나 콘서트에 가거나 방과 후에 분식집에 가서 수다를 떨려면 돈이 필요하다. 공부하려면 참고서도 사야 하고 음악에 취미가 생기면 악기도 사야 한다.

물론 돈 없이도 살 수 있다고 생각하는 사람도 있을 것이다. 자연 속에서 자급자족할 수 있는 환경이라면 돈은 거의 들지 않을 것이다. 하지만 현실적으로 돈 없는 생활은 불가능하다. 그러니 기왕 돈을 쓰며 살 거라면 어떻게 쓰는지 연습할 기회를 주는 것이 현명하다. 아이에게 돈이 생기면 일단 돈의 목적을 스스로 정할 수 있게 하자. 당장 사고 싶은 것을 사든, 친구를 만나 쓰든, 갖고 싶은 것을 위해 저금을 하든 그건 돈의 주인인 아이의 몫이다.

풍부한 경험 없이는 풍부한 인생을 살 수 없다

애초에 저금은 미래를 위해 현재 사용할 돈을 줄이는 일이며 눈앞의 선택지를 좁히는 일이다. 과도한 저금은 본래 돈을 써서 얻을 수 있는 다양한 경험과 찬스를 그저 멀뚱멀뚱 지켜보는 것과 다름없다.

이는 아이뿐만 아니라 어른도 마찬가지다. 저금으로 안심을 얻었을지 모르지만 그로 인해 잃어버린 기회가 얼마나 많은지 상상이나 할 수 있을까?

풍부한 경험 없이는 풍부한 인생을 살 수 없다. 자기 능력으로 성공한 사람들은 하나같이 다양한 경험을 했다. 물론 계획 없이 다 써버리는 걸 장려하는 것은 아니다. 돈에 집착해서 쓰지 않고 모으기만 하면 정말로 필요한 곳에 대담하게 돈을 쓰지 못한다는 게 문제다.

어릴 때부터 익힌 '목적 없는' 저금 습관은 장기적인 안목으로 인생의 가능성을 타진하는 능력을 저해하고 눈앞의 돈에만 전전긍긍하는 사람으로 만들 수 있다.

지갑 속에 갇혀 있는 돈으로는 인생의 다양한 경험을 얻을 수 없다. 처음엔 엉뚱한 곳에 돈을 쓰고 낭비도 하겠지만 부모가 아이를 믿고 돈의 목적을 경험에 둘 수 있도록 돕는다면, 세상을 배우고 식견을 넓혀 자신의 삶을 스스로 결정하는 사람으로 자랄 수 있을 것이다.

돈을 굴린다는 것

월급쟁이라도 성장하는 사람들은 자기 투자에 돈을 아끼지 않는다. 일상생활에서도 돈을 들여 폭넓은 사교활동을 하고 다양한 자극을 경험해서 자신의 그릇을 키워간다. 내가 15년

풍부한 경험 없이는 풍부한 인생을 살 수 없다.
돈에 집착해서 쓰지 않고 모으기만 하면 정말
로 필요한 곳에 대담하게 돈을 쓰지 못한다.

전부터 주최해온 스터디와 세미나, 교류 모임에도 많은 사람들이 참가비를 내고 찾아온다. 이들 중에도 오랜 시간 스스로에게 투자하여 성공한 사람이 많다.

성공한 사람들은 돈을 쌓아두지 않고 굴린다. 재테크는 물론이고 빌딩을 사거나 해외여행을 떠나고 파티를 열어 모임을 주최하는 사람도 많다. 이는 단순히 번 돈을 펑펑 쓰는 것이 아니라 사업이 더 잘 되도록 선순환 고리를 만드는 것이다. 이들은 자신의 성장이나 주위 사람을 위해 돈을 굴림으로써 더욱 큰 성과를 낸다. 돈을 굴리는 것은 결국 끊임없이 도전한다는 뜻이다.

테슬라 모터스와 스페이스 엑스의 CEO인 엘론 머스크도 항상 도전하는 삶을 살고 있다. 영화 〈아이언맨〉의 실제 모델이기도 한 그는 스물네 살이던 1995년에 동생과 함께 집투ZIP2라는 회사를 설립하고, 인터넷 기반으로 지역 정보를 제공하는 사업을 시작한다. 창업 4년 만에 집투를 컴퓨터 제조업체 컴팩에 판 그는 젊은 나이에 250억 원을 손에 쥐게 됐다. 보통 사람이라면 이걸로 만족하고 은퇴해서 자산을 유지하며 생활했을 것이다. 하지만 그는 250억 원 중 140억 원을 금융 서비스 사업인 엑스닷컴X.com에 쏟아부었다. 그리고 피터 틸이 세운 페이팔과 합병한 후 이베이에 매각해서 단숨에 억만

PART 1 돈 교육의 '상식'을 버릴 것 47

장자가 되었다. 엘론 머스크는 여기서 멈추지 않는다. 페이팔을 팔아 번 약 1,000억 원을 기반으로 우주로켓기업 스페이스 엑스와 순수 전기자동차 개발업체인 테슬라 모터스를 세웠고, 세계에서 가장 영향력 있는 사람으로 손꼽히는 지금까지도 계속 새로운 영역에 도전하고 있다.

비교하기 민망하지만 졸저 《33세에 자산 3억 엔을 모은 내가 43세에 저금이 제로인 이유》에도 소개했듯 나 역시 항상 돈을 굴리기 때문에 예금액이 거의 바닥이다. 하지만 덕분에 수입이 매년 증가했고, 다양한 소재가 생겨 이런 책도 끊임없이 쓸 수 있었다. 이것도 역시 경험에 투자했기 때문에 가능한 일이다.

이처럼 목적 없는 저금을 강요하기보다는 아이가 스스로에게 투자하고 많은 것을 경험할 수 있도록 배려하는 것이 중요하다. 눈앞의 푼돈을 아끼는 대신 더 큰 성공을 위해 도전하는 밑거름이 되어줄 것이다.

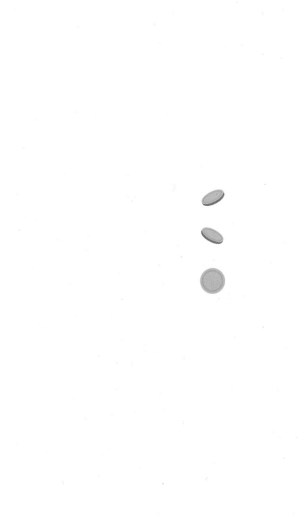

06

세뱃돈을 부모가
관리하지 마라

용돈이나 세뱃돈을 어디에 쓸지는
아이의 판단에 맡겨서 어떻게 활용해야
만족도가 높은지를 경험토록 하는 게 중요하다.

세뱃돈의 의미에 대해
다시 생각해보자

앞의 내용과 비슷하지만 세뱃돈에 대해 한번은 짚고 넘어
가고 싶다. 보통 가정에서는 설날에 세뱃돈을 준다. 아이들에
게는 명절이 기다려지는 큰 즐거움 중 하나다. 그러나 나는
아이에게 세뱃돈을 주지 않는다. 아이가 아직 어리기도 하거
니와, 노력이나 노동 없이 돈을 주는 것을 납득할 수 없기 때
문이다. 관습이 그렇다면 할 말이 없지만, 왜 이유 없이 돈을
줘야 하는 걸까?

돈은 기본적으로 남에게 도움을 준 대가여야 한다. 하늘에
서 뚝 떨어지는 게 아니라는 말이다. 그래서 우리 집은 세뱃
돈을 주지 않는다. 실제로 세뱃돈은 한국과 중국 등 아시아
국가에만 있고 서양에서는 익숙하지 않은 문화다. 그렇다고
세뱃돈을 부정할 생각은 없다. 내가 아무리 이런 생각을 갖고

있다 해도, 할아버지와 할머니 등 친척들이 세뱃돈을 줄 것이다. 나도 이것까지 막을 생각은 없다. 어찌됐건 즐거운 설날이고 아이들도 좋아하니 넘어갈 수 있지만 어디까지나 우리 집에서는 주지 않는다는 원칙을 세우고 있는 것뿐이다.

부모가 세뱃돈의
용도를 지정하지 마라

아이가 세뱃돈을 받았을 때는 용돈과 마찬가지로 세뱃돈의 용도를 부모가 제한하지 않아야 자주성과 판단력을 기를 수 있다. 용돈이나 세뱃돈을 어디에 쓸지는 아이의 판단에 맡겨서 어떻게 활용해야 만족도가 높은지를 경험하도록 배려하는 게 중요하다.

아이가 세뱃돈을 받으면 "엄마(혹은 아빠)에게 맡겨"라며 부모 명의의 통장에 입금시키고 관리하는 사람도 있다. 재테크의 일환으로 모아두었다가 대학 등록금 등 목돈이 필요한 순간에 활용한다는 취지다. 이런 방법이 반드시 나쁘다는 건 아니다. 부모가 아이의 성격과 개성을 잘 살펴보고 그게 더 적절하다고 판단하면 이 또한 교육의 일환이다. 하지만 경험으로 얻는 교훈이야말로 다른 교육에 비할 수 없는 큰 효과를 지니고 있음을 알아야 한다.

앞서 살펴봤듯이 초등학생 정도가 되면 부모가 말하지 않아도 '이건 사는 게 아니었어, 저걸 안 샀으면 이걸 살 수 있었을 텐데'와 같이 스스로 낭비에 관한 개념을 세울 수 있다. 평소 가질 수 없는 거금을 손에 넣어서 의미 있게 사용했다면 성공 경험이 새겨질 것이고, 들뜬 마음에 이것저것 불필요한 소비를 했다면 나중에 후회할 것이다. 이런 과정을 통해 아이는 실패에 대한 내성, 실패를 이겨내는 정신력, 실패에서 배우는 학습능력 등을 익히고, 다음부터는 그러지 말아야겠다고 나름대로 반성도 한다.

남이 쓴 기사를 편집하는 것보다 자신이 직접 체험한 일을 쓰는 것이 훨씬 현실감 넘치고 읽는 사람도 감동이 더한 것처럼, 무슨 일이든 자신이 겪어야 비로소 훌륭한 결과물을 낼 수 있다. 마찬가지로 소비도 자신이 실제로 경험하지 않고서는 그 가치를 실감하기 힘들다.

07

"다들 갖고 있어요"라는
말을 못하게 하라

'나는 나, 남은 남'이라는 생각을 가지고
판단기준을 타인이 아닌
자신에 두도록 가르쳐야 한다.

남과 다른 게
당연하다는 사고방식

아이들은 종종 "친구도 있으니까 나도 갖고 싶어", "모두 가니까 나도 가고 싶어"라고 한다. 아직 주체성이 없어서 남들에게 쉽게 이끌리기 때문에 친구가 가진 걸 보고 부러워하는 것이다. 아주 어릴 때는 어쩔 수 없지만 점차 '나는 나, 남은 남'이라는 생각을 가지고 판단기준을 타인이 아닌 자신에 두도록 가르쳐야 한다.

성공한 사람들은 대부분 타인과 동일시되는 것을 매우 싫어한다. 주위에 맞추겠다는 생각 자체가 없다. 자아가 강하고 자신의 믿음을 추구한 덕분에 혁신을 이루고 성공할 수 있었던 것이기도 하다.

그럼, 남들이 가지고 있으니 나도 갖고 싶다는 아이의 욕구에 어떻게 대처해야 할까? 먼저 아이가 남들과 다른 게 당연하다는 생각을 갖도록 가르쳐야 한다. 더불어 안 된다고 할 때는 반드시 명확한 이유가 있어야 하고 그 이유를 납득하도록 차근차근 설명해줘야 한다.

IT기업의 임원인 한 지인은 자녀가 "친구네 가족은 연말연시에 하와이에 다녀왔대요. 우리도 하와이 가요"라고 해서 다음과 같이 답했다고 한다.

"아빠는 해외여행을 가는 이유가 우리나라와 외국의 차이점을 배우는 거라고 생각해. 내가 아는 세상이 전부가 아님을 체험해서 견문을 넓히는 게 목적이지. 친구네 집은 우리 집과 생각이 다른 모양이구나. 아빠 생각에 하와이는 우리나라 사람도 많고 관광지라서 나라 간의 차이를 크게 느낄 수 없어. 그래서 별로 매력적이지 않다고 생각해. 우리는 하와이 대신 미얀마에 가보는 게 어떨까?"

하와이에 가려면 충분히 갈 수 있었지만 아이의 경험과 성장을 고려해 이런 식으로 가치관을 가르친다고 한다. 그럼 아이가 "저 집은 엄청 넓은데 우리는 왜 저렇게 큰 집에 안 살아요?"라고 물으면 어떻게 대답하는 게 좋을까?

"큰 집이 좋다고 생각하는 사람들도 있을 거야. 그렇게 생각하는 사람은 아마 큰 집에서 살겠지? 하지만 아빠는 필요 이상으로 집이 큰 건 좋지 않다고 생각해. 집이 넓으면 청소

포인트는 아이가 주변에 휩쓸리지 않도록 가르치는 일이다. 이런 가르침은 자신과 생각이 다른 사람을 지나치게 존중하거나 주변에 맞추려고 무리할 필요가 없다는 것을 알려 주어 자아를 확립하는 데 도움이 된다.

하기 힘들고 수리할 때도 돈이 많이 들잖아. 게다가 네가 어른이 돼서 독립하면 아빠와 엄마 둘이서 살아야 하는데 저렇게 큰 집이 필요할까? 아빠 생각에는 우리 가족이 살기에 지금 집이 딱 좋은 것 같아. 사람마다 중요하게 생각하는 게 다 다르단다. 너도 다른 사람 말고 네가 생각하기에 중요한 게 뭔지 잘 생각해보렴."

여기서 포인트는 아이가 주변에 휩쓸리지 않도록 가르치는 일이다. 이런 가르침은 자신과 생각이 다른 사람을 지나치게 존중하거나 주변에 맞추려고 무리할 필요가 없다는 것을 알려주어 자아를 확립하는 데 도움이 된다. 또한 이렇게 만들어진 확고한 자아는 남들과 다르지만 자신이 믿는 길을 걸을 수 있는 원동력이자 성공의 토대를 만드는 중요한 요소다. 그러므로 부모는 평소에 자신이 중시하는 것이 무엇인지를 먼저 생각해보고, 아이가 납득할 수 있도록 쉽고 논리적으로 설명할 수 있어야 한다.

부모의 논리적인 사고가
논리적인 아이를 만든다

이 과정에는 또 하나의 효과가 있다. 부모와의 논리적인 대화는 아이의 논리적 사고력을 키워준다. 자기만의 기준을 가지고 의견을 논리정연하게 주장할 수 있는 아이는 타인과 의견이 상충되더라도 감정적으로 치닫지 않고 상대를 납득시키기 위해 설명하는 습관이 몸에 밴다. 앞서 살펴본 하와이 여행을 예로 들면, 논리적 대화 습관을 익힌 아이는 다음과 같이 반론을 펼칠 수도 있다.

"아무리 우리나라 사람이 많아도 미국과 우리나라가 어떻게 다른지 알 수 있다고 생각해요. 학교에서 배운 영어로 대화가 가능한지 시험해보고 싶기도 하고요. 직접 가서 내 나름대로 하와이가 어떤지 느껴볼 필요도 있을 것 같아요. 딱 한 번이면 충분할 것 같은데… 가보고 싶어요."

아이가 이 정도로 말한다면 의견을 존중해서 하와이 여행을 결정하면 된다. 논리적으로 상대방의 마음을 움직이는 능력은 돈 버는 능력으로 이어질 뿐만 아니라 대인관계에도 영향을 미친다. 이런 능력은 저절로 키워지는 것이 아니라 부모와의 대화를 통해 만들어진다는 사실을 늘 의식하자.

돈을 번다는 것은 남에게 도움이 된다는 것

아이를 잘 키우고 싶다는 생각은 어떤 부모나 마찬가지지만, 어디에 초점을 맞춰 키울 것인지에 있어서는 천차만별이다. 이 책은 자녀를 경제적으로 성공할 수 있는 체질로 만드는 데 도움이 되고자 한다. 간혹 내 자식은 밝고 건강하게만 자라면 된다며 돈에는 관심이 없는 부모도 있을 수 있다. 물론 아이가 밝고 건강하게 자라서 좋아하는 일을 하며 궁핍하지 않은 인생을 살 수 있다면 더할 나위 없다. 그러나 이에 앞서 부모 스스로 '돈'에 관해 제대로 인식하고 있는지 생각해볼 필요가 있다.

아이에게 돈 버는 능력을 갖추게 하는 일이 왜 중요할까?

돈 버는 능력이 뛰어나면 그만큼 남에게 도움이 되는 사람이 될 가능성이 크기 때문이다. 우리는 음식이 맛있는 식당에서 식사를 하고 나오며 으레 "고마워요. 잘 먹었습니다"라며 감사의 인사를 한다. 마찬가지로 수리기사에게 집수리를 요청하거나 변호사에게 법률 자문을 받을 때도 고맙다는 말을 하면서 돈을 지불한다. 즉 돈은 '대가'이면서 동시에 감사의 마음을 전하는 도구인 셈이다. 돈을 번다는 것은 타인의 문제를 해결하고, 타인의 꿈을 이뤄주며, 타인에게 감사의 말을 듣는 사람이 된다는 것을 의미한다.

말끝마다 돈을 들먹이는 건 천박하다고 생각하는 사람은 어쩌면 돈 버는 일을 단순히 돈을 좇는 일이라고 생각하고 있기 때문은 아닐까? 내가 하고 싶은 말은 돈을 삶의 목표로 두라는 것이 아니다. 사람들의 감사의 마음을 좇으라는 의미다. 돈을 버는 일이 곧 타인과 사회에 도움을 주는 일이라고 생각하면 어떨까? 세상에 이보다 더 존경 받을 만한 일이 또 어디에 있겠는가?

PART 2

돈을 대하는
부정적인 태도를 버릴 것

혹시 집 테이블 위나 자동차 대시보드에 동전이 아무렇게나 뒹굴고 있지는 않은가? 동전이 떨어져도 찾지 않는다든지, 지갑 안에 지폐가 늘 구겨져 있다든지, 주머니 속에서 꺼내지 않은 동전 소리가 며칠째 난다면 위험하다. 아이에게 무의식적으로 돈은 흔하고 아무렇게나 다뤄도 괜찮다는 인식을 심어줄 수 있다.

08

돈을 함부로 취급하지 마라

부모가 돈을 소중히 다루면
아이도 소중히 다루며,
부모가 함부로 다루면
아이도 함부로 다룬다.

부모가 먼저
부자의 태도를 갖춰라

돈을 함부로 취급하는 사람은 가난한 경우가 많다. 생각은 행동으로 나타나기 마련이다. 사소한 행동에서 그 사람의 태도와 가치관, 성향 등을 파악할 수 있다. 돈을 함부로 하는 사람은 단순히 돈만 함부로 하는 것이 아니라 다른 물건과 사람도 함부로 대할 가능성이 높다. 거친 행동은 거친 생각에서 비롯되는 것이며, 이런 태도로는 성공하기 어렵다.

태도는 인간관계나 일에도 영향을 끼친다. 돈을 함부로 하는 사람 주변에는 똑같이 돈을 함부로 하는 사람이 모이고, 돈을 귀하게 여기는 사람 주위에는 자연스럽게 비슷한 부류의 사람이 모인다. 태도가 올바른 사람들은 대개 훌륭한 인맥을 형성하고 있어 양질의 정보를 얻을 수 있고, 그만큼 성공에 다가갈 확률도 높다.

반면 생각과 행동이 거친 사람일수록 눈앞의 일에만 집착해서 도덕이나 매너에는 관심이 없는 경우가 허다하다. 훌륭한 사람과 교류할 기회가 없기 때문에 서로 상부상조하는 인간관계를 형성하지 못하고, 이직할 때도 소개로 이루어지는 자리는 꿈도 꿀 수 없는 등 돈을 벌 기회 자체가 적어진다.

자신의 아이를 이렇게 키우지 않기 위해서는 부모가 먼저 부자의 태도를 갖추고 돈을 소중히 다뤄야 한다. 아이는 부모의 행동 하나하나에 크게 영향을 받는다. 아이 스스로 의식해서 바꾸지 않는 이상 아이는 부모 성향을 그대로 이어받고 만다. 부모의 말투가 거칠면 아이도 말이 거칠고, 부모가 무뚝뚝하면 아이도 사교성이 없는 경우가 많다. 마찬가지로 부모가 돈을 함부로 다루면 그 영향을 받은 아이도 돈을 소중히 생각하지 않고, 결국은 돈을 함부로 대하는 어른으로 자란다. 이처럼 부모의 나쁜 자질은 아이에게로 이어져 악순환이 반복된다.

악순환을 멈추려면?

프랑스의 사회학자 피에르 부르디외는 행동거지나 사소한 몸동작, 지식, 재능 등을 '신체화된 문화자본'이라고 명명했다. 돈을 다루는 방식도 신체화된 문화자본 중 하나인데, 이러한 문화자본은 삶의 방식과 직결된다.

기본적으로 아이는 부모가 돈을 어떻게 취급하고 사용하는지를 보고 흉내 낸다. 예컨대 집 테이블 위나 자동차 대시보드 등에 동전이 아무렇게나 뒹구는 상태는 좋지 않다. 아이에게 무의식적으로 돈은 흔하고 아무렇게나 다뤄도 괜찮다는 인식을 심어줄 수 있기 때문이다. 동전이 떨어져도 줍거나 찾지 않는다든지, 지갑 안에 지폐가 늘 구겨져 있다든지, 주머니 속에서 꺼내지 않은 동전 소리가 며칠째 난다든지, 쇼핑할 때 점원에게 무례하게 군다든지 등의 행동도 마찬가지다. 아이가 이런 부모의 태도를 주의 깊게 살펴보고 있다는 것을 늘 인식해야 한다.

앞으로는 카드결제나 스마트폰 결제가 당연한 사회가 되어 현금을 사용하는 빈도가 크게 줄어들 것이다. 그러면 돈이라는 개념도 희박해질 수밖에 없다. 이런 의미에서라도 아이들에게 돈의 존재와 소중함을 경험하게 해주는 것은 중요하다.

09

항상 싼 것만 찾지 마라

최고가 뭔지 알아야 최고를
목표로 삼을 수 있다.

최고로 키우고 싶다면
최고를 경험하게 하라

아이가 어느 정도 크면 다소 무리를 하더라도 해외여행이
나 최고급 레스토랑에 데리고 가는 것도 좋은 경험이 된다.
'이런 세상도 있구나, 이게 최고 레벨이구나, 노력하면 이런
생활도 할 수 있구나'를 깨닫게 하기 위함이다. 최고를 알아
야 목표로도 삼을 수 있다.

해외 부동산 투자를 할 때 조언을 해주는 지인이 있는데 중
국에서 창업해서 성공한 사람이다. 그가 중국에서 창업을 하
게 된 계기는 고등학생 때 처음으로 부모님과 중국 여행을 갔
던 경험에서 비롯되었다고 한다. 히로시마의 시골에서 살았
던 그에게 중국 여행은 큰 충격이었다. 자영업을 했던 부모님
의 영향도 있었겠지만 여행에서 돌아온 뒤 해외에서 비즈니
스를 하고 싶다는 생각을 줄곧 했다고 한다. 대학 졸업 후 무

역회사에 취직해 중국 주재원으로 발령받은 그는 이후 부동산업으로 전향해 독립했다.

또 다른 사업가 지인은 자녀가 대학생이 되자 일부러 최고급 레스토랑에 몇 번이나 데려갔다고 한다. 학생이 출입하기에는 너무나 고가인 레스토랑에서 지금까지 먹어보지 못한 요리를 맛본 아이는 많은 생각을 했을 것이다. 이게 계기였는지 모르지만 아이의 생각은 많이 바뀌었고, 이전에는 대기업을 선호했지만 결국 벤처기업에 취직해서 일하다가 독립해서 창업했다고 한다.

아이가 모르는 세계에 발을 딛고 최고를 경험할 수 있도록 기회를 주자. 그것이 일상과 어떤 차이가 있는지 스스로 인식하면 아이의 사고영역은 넓어지고 성장욕구도 현저히 커질 수 있다. 다만 이때 의미 없는 사치와 최고를 경험하는 일은 분명하게 구분해야 한다. 아무런 의식이 없는 사치는 피하는 게 좋다. 생활수준이 높아지면 사치가 당연하다는 생각을 할 수도 있는데 돈에 감사하는 마음이 없어지면 곤란하다.

아이에게
돈 쓰는 법을 보여줘라

사람의 됨됨이를 보려면 돈 버는 법이 아니라 쓰는 법을 보라고 했다. 우리 주변에는 동전까지 더치페이하려는 사람, 음료나 담배를 산다고 돈을 빌리고 모른 척하는 사람, 축의금에 인색한 사람 등 사소한 일로 신용을 잃는 사람이 적지 않다.

요컨대 돈 쓰는 법으로 그 사람의 품격을 가늠할 수 있다. 아이는 부모가 어떻게 돈을 버는지는 잘 모르지만 돈을 어떻게 쓰는지는 일상적으로 목격한다. 다른 어른이 어떻게 돈을 쓰는지는 알 길이 없으므로 대개 부모를 통해서만 돈 쓰는 법을 배우고 흉내 내며 자란다고 보면 된다. 예를 들어 아이를 데리고 친구나 지인의 집에 방문했다고 생각해보자. 상대가 기뻐할 작은 선물을 준비하는 부모를 보며 자란 아이는 '남의 집에 갈 때는 빈손으로 가는 것이 아니구나'라고 생각하고 자신도 똑같이 행동한다. 부모가 돈을 품위 있게 쓰면 아이도 품위 있게 쓰고, 부모가 돈을 함부로 쓰면 아이도 마찬가지로 돈을 소중하게 생각하지 않는 것이다.

아이가 모르는 세계에 발을 딛고 최고를
경험할 수 있도록 기회를 주자. 다만 이때
의미 없는 사치와 최고를 경험하는 일은
분명하게 구분해야 한다.

돈 쓸 때는
목적을 의식하라

소비에는 반드시 목적이 있다. 소비 자체가 목적인 경우는 거의 없으므로, 돈을 쓸 때는 원래의 목적을 의식해야 한다. 목적이 뚜렷하면 쓸 때는 쓴다는 식의 소비가 가능하다.

업무상 부동산 투자에 관한 컨설팅을 하고 있는데, 세미나나 강연에서 항상 부동산을 사는 일 자체가 목적은 아니라고 강조한다. 내게 컨설팅을 요청하는 사람들의 부동산 투자 목적은 임대수입으로 경제적인 안정을 확보하는 것이다. 다시 말해 부동산 매매는 수단에 지나지 않는다. 따라서 부동산의 가격보다는 임대수입으로 경제적인 안정을 이룰 수 있는지가 관건이다. 단순히 저렴하다거나 이율이 높다는 이유로 투자하면, 추후 임대가 되지 않아 돈이 묶일 위험이 있다.

평소 쇼핑할 때도 마찬가지다. 목적이 명확하면 가격을 고려해야 할 때와 그렇지 않을 때를 구분할 수 있다. 예를 들어 거품이 잘 생기지 않지만 싼 맛에 저렴한 세제를 쓰는 사람이 있는가 하면, 세제는 비싸더라도 거품이 풍성하게 나서 설거지 시간을 줄이고 오물을 깔끔하게 제거하는 것이 중요하다고 생각하는 사람도 있다. 즉 저렴해서 좋다거나 비싸서 좋다가 아니라 목적에 맞게 현명한 소비를 해야 한다는 것이다.

아이와 쇼핑할 때도 이런 점을 강조해야 한다. 목적을 의식한 현명한 쇼핑을 하다 보면 가격과 무관하게 최적의 수단을 선택하는 사고습관이 길러진다.

무엇이든 직접 경험하게 하라

실물을 실제로 접하는 경험도 중요하다. 예를 들어 유기농이 좋다는 이야기를 듣기만 해서는 왜 좋은지, 얼마나 좋은지를 정확히 알기 어렵다. 유기농 채소는 아린 맛이 덜해 달고 자연에서 방목한 소의 우유는 더 진하고 고소하다는 것을 먹어봐서 아는 것과 머리로만 알고 있는 것은 큰 차이가 있다.

일본을 대표하는 프랑스 요리의 거장 미쿠니 키요미는 〈도쿄 캘린더〉와의 인터뷰에서 다음과 같은 말을 남겼다.

"어릴 때 학교 다닐 형편이 못돼서 형제들 모두가 중졸입니다. 하지만 바닷가에서 자란 덕에 먹거리는 풍부했죠. 해변으로 밀려온 해초를 간식 대신 먹었어요. (중략) 사람의 혀는 단맛, 신맛, 짠맛, 쓴맛, 감칠맛을 느끼는데 이 다섯 가지 맛을 전부 가진 건 해초 밖에 없어요. 해초를 매일 먹은 덕분에 미각이 단련되었죠. 사람은 다섯 가지 맛을 통해 시각, 청각, 후각, 촉각, 미각 등 오감에 눈을 뜬다고 합니다. 프랑스의 연구에 따르면 12세까지 다섯 가지 맛을 경험하지 못한 아이는 이를 경험한 아이에 비해 감수성이 부족하다고 해요. 어릴 때 얼마나 다양한 맛을 경험했는가에 따라 인생이 달라진다는 거죠. 매우 중요한 포인트인 셈입니다."

미각만 해도 직접 맛을 보고 실물을 경험함으로써 최고와 그렇지 않은 것의 차이를 구분하는 능력을 키울 수 있듯, 최고를 경험해 봐야 목표로도 삼을 수 있다. 즉 최고를 지향할 수 있다. 최고를 의식하면서 일을 하면 소속된 조직 내에서는 물론이고 개인적으로도 크게 성장할 수 있으며, 이는 결국 성공과 고수입으로 연결된다.

또 스포츠나 예술 분야에서도 최고의 장비와 도구를 사용하면 보다 더 좋은 결과물을 낼 수 있다. 고성능 카메라가 있으면 사진에 대한 열정을 더 키울 수 있고 피사체에 대한 마음가짐도 달라진다. 일회용 카메라로는 이런 기분을 느끼기 힘들다. 탁구를 예로 들면, 실력이 대동소이하다면 삼류 라켓을 쥔 선수와 최고급 라켓을 쥔 선수는 경기력 면에서 극명한 차이가 난다. 연습을 할 때도 보다 더 열정적으로 운동에 임할 수 있다.

　명필은 붓을 탓하지 않는다는 말이 있지만 이는 성숙한 성인에 한정된다. 아이가 어떤 일에 진지하게 임한다면 다소 무리해서라도 최고의 도구와 환경을 마련해줘서 재능이 꽃피도록 해야 한다.

10

목적 없이 줄 서지 마라

시간을 들이더라도 돈을 절약해야 할지,
아니면 돈이 들더라도 시간을 절약해야 할지를
때와 장소에 따라 합리적으로 구별해야 한다.

시간은 살 수 없다

　레스토랑이나 유원지에서 아이와 함께 줄을 서서 기다리는 경우가 있는데 이는 반드시 생각해볼 문제다. 예를 들어 주유비가 10원 더 저렴하다고 옆 동네까지 가는 사람이 있다. 절약정신이 투철하다고 생각할지도 모르겠지만 30리터를 넣는다 치면 겨우 300원 차이밖에 나지 않는다. 또한 연비가 리터당 10킬로미터고 가격이 리터당 1,500원이면, 2킬로미터만 달려도 300원어치의 연료를 소비하는 셈이다. 절약정신을 발휘했는데 옆 동네를 다녀오는데 소모한 연료를 생각하면 오히려 더 손해일 수도 있다. 무엇보다 허비한 시간은 어떻게 할 것인가?

　주유뿐만 아니라 마트에서 계란이나 휴지 등을 살 때도 비슷한 경험을 한다. 돈은 아까운데 시간은 아깝지 않다는 말인가? 시간은 눈에 보이지 않으니 눈에 보이는 돈을 우선시하는 걸까? 돈은 쓰면 다시 벌어서 메꿀 수 있지만 시간은 두 번다시 되돌릴 수 없다. 이러한 사실은 아이들에게도 충분히 알려주어야 한다.

비용 대비 효과와
시간 대비 효과

우리는 항상 비용 대비 효과(최소의 비용으로 최대의 효과)와 시간 대비 효과(최소의 시간으로 최대의 효과)를 비교해서 판단해야 한다. 즉 시간을 들이더라도 돈을 절약해야 할지, 아니면 돈이 들더라도 시간을 절약해야 할지를 때와 장소에 따라 합리적으로 구별해야 한다.

예를 들어 이동시간 중에 일에 집중하고 싶다면 추가요금을 지불하더라도 비즈니스 클래스 등 등급이 높은 좌석을 이용하는 게 좋다. 돈으로 쾌적한 시간과 공간을 사서 효율을 높이는 것이다. 반대로 맥주라도 한 잔 하면서 느긋이 이동해도 된다면 저렴한 좌석을 이용해도 괜찮을 것이다. 가사도우미도 비슷한 예다. 가정부를 두고 생활하는 가정도 있는데 대개 부부가 맞벌이를 하는 경우다. 가사를 돈 주고 맡기는 대

더 좋고 나쁜 것은 없다. 자기만의 기준을
분명히 세우고 돈과 시간 중 무엇에 집중
할지를 판단하는 것이 중요하다.

신에 직장에 집중하거나 육아 시간을 확보하는 게 더 합리적
이라고 판단한 것이다.

나의 경우에는 마당의 잡초 정리는 사람을 안 쓰고 스스로
하고 있다. 친구는 시간이 아까우니 업자를 불러서 처리하라
고 혀를 차며 말했지만, 현실적으로 업무에만 집중할 수 있
는 시간은 그리 길지 않다. 아침부터 일을 시작하면 오후에
는 지친다. 뿐만 아니라 집중할 수 없는 시간에는 생산성도
떨어진다. 그럴 바에야 기분 전환도 할 겸 잡초 제거에 드는
비용을 절감하는 것이다. 더 좋고 나쁜 것은 없다. 자기만의
기준을 분명히 세우고 돈과 시간 중 무엇에 집중할지를 판단
하는 것이 중요하다.

목적 없이
줄 서지 마라

맛집이나 세일 중인 백화점에 가면 으레 줄을 서서 기다
리는 사람들이 있다. 이때도 줄을 서서 얻게 되는 가치와 들
인 시간을 저울질하여 무엇이 더 생산적인지(혹은 즐거운지) 생
각해서 판단해야 한다. 줄 서서 기다리는 것 자체를 좋아하는

사람이라면 몰라도 아무 생각 없이 줄 서있는 부모를 보고 자라는 아이는 시간의 가치를 저울질하는 감각을 지닐 수 없다.

물론 아이들에게는 시간 절약보다 경험을 중시하는 것이 좋을 때도 있다. 수년에 한 번밖에 방문하지 않는 외국 유명 아티스트의 공연 티켓을 사기 위해 줄을 서는 거라면 시간이 많이 들어도 가치가 있을 것이다. 이런 판단을 처음부터 아이가 스스로 하기를 기대하는 것은 무리이므로 부모가 자기만의 기준을 세우고 지켜나가는 것을 보여주는 것이 더욱 중요하다. 아이 입에서 효율성이나 이득 같은 단어가 나오기 시작하면 슬슬 시간과 돈 중에서 어느 쪽을 더 우선할지 함께 생각하는 자리를 가져 보자.

11

돈이 없어서 못한다고
하지 마라

정말로 어쩔 수 없을 정도로
돈이 없다면 무리해서는 안 되겠지만
부모라면 가능한 범위 내에서 어떻게든
해주려는 자세와 마음가짐이 필요하다.

몰두할 수 있는
환경을 조성해줄 것

아이의 가능성을 살피고 돈 버는 체질로 키우겠다면 부모
는 어떻게든 돈을 마련해야 한다. 항상 '돈이 없어서 안 돼'라
는 말을 듣는 아이는 갖고 싶거나 배우고 싶은 것이 있어도
'우리 집은 돈이 없으니까 안 된다'는 생각이 앞서게 된다. 하
고 싶은 것이 있어도 쉽게 포기하고 자신의 호기심을 억누르
는 사람이 될지도 모른다.

일본 여자 탁구계의 에이스 이시가와 가스미 선수의 부모
는 아이를 위해 집을 새로 짓고 1층에 탁구장을 마련했다고
한다. 이후 이시가와 선수는 눈에 띄게 실력이 늘었고, 최연
소인 13세에 전일본 4강에 진입했다. 일본 축구 국가대표 우
사미 타카시 선수의 부모는 주택가에서는 연습을 마음껏 할
수 없다고 생각해 운동장 시설이 좋은 초등학교 옆으로 이사

했다. 그는 매일 늦은 저녁까지 초등학교 운동장에서 연습에 몰두해 13세에 감바 오사카 주니어 유스에 입단했다.

다소 극단적인 사례지만 아이가 몰두할 수 있는 환경을 부모가 아낌없이 지원해줬기 때문에 선수들의 천재성이 꽃피었다고 생각한다. 아마도 부모는 경제적으로 힘들었겠지만, 아이가 아무 걱정 없이 훈련과 경기에 집중할 수 있는 환경을 만드는 데 최선을 다했음에 틀림없다.

갖고 싶어 하는
마음을 존중해주는 것

그러고 보면 나 역시 자라면서 돈이 없어서 못한다는 말을 들어본 적이 없다. 유복한 가정은 아니었지만 갖고 싶은 것 또는 하고 싶은 일이 있으면 먼저 왜 그런지 이유를 들어보고 대부분 허락해주셨다. 지금 와서 생각해보면 넉넉하지 않은 형편에 세 아이를 금전적인 제약에 갇히지 않도록 키우는 과정이 쉽지 않았을 것이다. 어머니는 우리를 키우며 부업을 하셨는데 나중에 들어보니 본인 옷은 거의 사지 않았다고 한다. 아버지는 자식들에게 개인 방을 마련해주려고 집을 증축하면서도 비용을 아끼려고 인부들과 함께 일했고, 차가 없으면 불편한 시골에 살았지만 차 없이 생활했다. 내가 무슨 일이든 돈 때문에 포기하는 대신 어떻게든 방법을 찾겠다는 생각을 갖게 된 것은 부모님의 이런 배려가 있었기 때문이다.

성공한 창업가들의 어린 시절도 비슷하다. 그들의 부모는 자녀가 하고 싶은 일을 할 수 있도록 지원하고자 노력했고, 어떤 경우든 돈 때문에 안 된다는 말은 하지 않았다. 이들이 모두 유복한 가정에서 자랐을까? 아니다. 이들의 공통점은 금전적으로 여유로운 어린 시절을 보냈다는 것이 아니라 어릴 때부터 호기심을 자유롭게 펼칠 수 있는 환경을 조성해주었다는 데 있다.

여기서 포인트는 아이에게 무조건적으로 헌신하여 응석받이로 키우라는 것이 아니다. 아이가 갖고 싶어 하는 마음을 존중해주는 것이다. 정말로 어쩔 수 없을 정도로 돈이 없다면 무리해서는 안 되겠지만 부모라면 가능한 범위 내에서 어떻게든 해주려는 자세와 마음가짐이 필요하다.

12

부모가 정하지 마라

스스로 판단하기 위해서는
사고력과 담력, 책임감이 필요하다.
필요 이상으로 부모가 관리하거나
규칙을 적용하는 것은 아이가 스스로
생각할 기회를 뺏는 것과 다름없다.

인생은
선택의 연속

부자는 왜 더 큰 부자가 될까? 그 비밀을 푸는 열쇠 중 하나가 의사결정능력, 즉 판단력이다. 월급쟁이도 높은 자리로 올라가면 다양한 상황에 직면하는데 이때 적절한 판단을 내릴 수 있어야 한다. 판단력이 돈 버는 능력으로 이어지는 이유는 뭘까? 판단할 때는 사고력과 담력, 책임감이 필요하기 때문이다.

올바른 판단을 하기 위해서는 사고력이 필수다. 수많은 정보 중에서 판단에 필요한 정보를 취사선택하고, 이익뿐만 아니라 위험도 동시에 고려해야 하며, 어떻게 위기를 극복할 수 있는지, 사람, 물건, 돈, 시간 등의 자원을 어떻게 배분하는 게 이상적인지도 생각해야 한다.

한편으로는 위험을 감수하는 배짱도 필요하다. 판단에는

쉬운 판단과 어려운 판단이 있는데 어려운 판단은 결단이라는 담력을 요한다. 나아가 그 결과를 받아들이겠다는 책임감도 필요하다. 자신의 판단이 나쁜 결과로 이어져 다른 사람에게까지 나쁜 영향을 미칠 수 있다는 점을 명심하고, 모든 건 판단을 내린 자신의 책임이며 변명은 용납되지 않음을 알아야 한다.

이 세 가지 요건을 바탕으로 판단력을 갖춘 사람은 일과 일상생활에서는 물론이고 돈과 관련된 일에서도 의심할 여지없이 유익한 선택을 한다. 인생은 선택의 연속이다. 오늘 무엇을 먹을 것인가? 어떤 옷을 입을 것인가? 어디로 갈 것인가? 등과 같은 사소한 일부터 진학할 학교, 취업할 회사, 이직, 결혼 등의 중요한 문제까지 스스로 판단하고 선택해야만 한다.

지금 자신의 모습은 이런 선택들이 쌓여서 이루어진 것이다. 적절한 판단을 내려왔다면 현재 상황이 만족스럽겠지만, 그렇지 않다면 지금까지의 판단이 적절하지 않았다는 증거다.

아이의 판단을
응원하라

아이에게 돈 버는 능력의 토대를 키워주려면 생활 전반에서 스스로 판단하는 경험을 쌓게 해야 한다. 장난감, 학용품, 옷 등을 고르는 것부터 메뉴 정하는 일까지 선택에 개입하지 말고 뭘 하든 아이의 판단에 맡겨보자. 필요 이상으로 부모가 간섭하거나 규칙을 적용하는 것은 아이가 스스로 생각할 기회를 뺏는 것과 다름없다.

본인이 정하지 않으면 선택에 대한 만족 여부를 생각할 필요가 없으므로 책임감도, 물건에 대한 가치를 추정하는 관찰력도 생기지 않는다. 당연히 스스로 생각하는 습관도 기르기 어렵다. 또한 아이의 의지를 전혀 고려하지 않고 모든 걸 부모가 결정하면 아이는 자신의 의지가 가치 없다고 생각하여 자존감도 떨어진다.

그러므로 아이가 무언가를 선택할 때만큼은 부모의 가치관을 주입하지 말고 항상 아이의 생각과 의지를 먼저 물어보자. "이게 좋겠다. 이걸로 할까?" 대신 "어떤 게 좋아? 네가 정해 봐"라고 말하면서 스스로 선택하도록 유도하는 것이 좋다. 이때 아이가 모르겠다거나 상관없다고 말하지 않도록 하는

인생은 선택의 연속이다. 오늘 무엇을 먹을
것인가? 어떤 옷을 입을 것인가? 같은 사소한
일부터 인생을 좌우하는 중요한 문제까지
스스로 판단하고 선택해야만 한다.

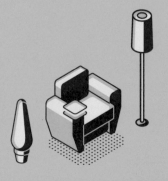

것도 중요하다. 아이의 선택이 잘못된 것 같다면 "왜 이게 좋다고 생각해?", "그걸로 하면 이런 일이 생기지 않을까?" 등과 같은 질문을 해서 한 번 더 고민해볼 수 있도록 하자. 이유, 목적, 위험 요소 등을 생각하도록 훈련시키면 논리성과 합리성을 키워줄 수 있다.

묻지 않으면
조언하지 마라

부모님은 내가 바라지 않으면 조언(이라고 쓰고 참견이라 읽는다)을 하지 않았다. 자라는 동안 어떤 강요도, 금지나 제한도 없었다. 어린 시절부터 돈 쓰는 방법뿐만 아니라 행동 전반에 걸쳐서 스스로 선택하게 해준 덕분에 고등학교를 졸업하고 도쿄로 상경해서도 모든 일을 스스로 결정할 수 있었다. 예를 들어 친구들은 자취집을 구할 때 보통 부모와 함께 다녔는데, 나는 혼자 다녀도 전혀 불안하지 않았다. 스스로 선택하고 결정하는 습관을 길러왔기 때문이다.

반면 내가 원하면 어떻게든 방법을 찾아주셨다. 대학에는 합격했지만 집안 사정상 입학금을 낼 형편이 아니었다. 어머니가 이미 취업한 여동생들에게 돈을 빌려서 입학금은 마련해주셨지만 여전히 학비를 충당하기는 역부족이었다. 고민이 된다고 말씀드리자 알아보겠다고 하더니 어느 날 신문장학생 제도를 소개해주셨다. 신문배달을 하면서 급여도 받고 학비의 일부 또는 전액을 신문사로부터 지원받는 제도였는데, 덕분에 대학을 무사히 다닐 수 있었다.

대부분의 부모는 아이가 실패하거나 고생할까 염려되는 마음에 미리 조언하고, 위험한 일은 금지한다. 하지만 그 선한 마음이 아이의 사고력을 저해할 수 있음을 알고 좀 더 사려 깊게 행동해야 한다. 또한 아이가 조언을 원하지 않으면 아무 말 없이 따뜻한 눈으로 지켜볼 수 있는 인내력도 필요하다.

인생이라는 큰 바다를
스스로의 힘으로 헤엄치는 경험

타인의 결정에 휩쓸려 사는 삶은 인생이라는 긴 여정을 생각했을 때 매우 큰 손실이다. 자신의 머리로 생각해서 선택하고, 실패를 통해 배우고 다시 일어서는 경험을 반복하는 과정에서 스스로 가치를 창출하는 힘이 생긴다. 그리고 이 힘은 돈 버는 능력과 직결된다.

예를 들어 아이에게 게임이나 컴퓨터, 휴대전화 등을 사주면서 규칙을 정하는 경우가 많은데, 아이의 성향을 잘 관찰한 후에 믿고 일임해보는 것도 좋은 방법이다. 규칙을 두지 않으면 오히려 무의식 속에 부모님이 나를 믿어준다는 생각이 싹 터서 아이도 부모를 믿고 따르게 된다.

아이의 특성상 규칙을 만드는 것이 좋다고 판단한 경우에는 아이를 규칙 만들기에 참여시키면 지킬 확률이 더 높아진다. 또한 자신의 의견이 규칙으로 만들어지면 자존감도 높아진다. 어떤 방식이든 아이의 의사를 존중해서 스스로 생각하고 판단할 수 있는 환경을 조성하는 것이 성공하는 아이로 키우는 지름길이다.

돈 버는 능력은
지능과 연관 있다

앞서 언급했듯 내가 돈 버는 능력을 중요하게 생각하는 이유는 경제적인 풍요로움을 얻기 위함만이 아니다. 돈 버는 능력을 강조하는 두 번째 이유는 지능을 키우는 것과 같은 맥락이다. 여기서 말하는 지능이란 각종 시험에서 요구되는 학습 능력보다는 인지, 기억, 예측, 판단을 기반으로 가설을 세우는 힘, 인생 설계나 위기 관리를 포함한 인간의 지적 활동 전반에 걸쳐 토대가 되는 능력을 말한다.

흔히 '돈은 돈이 있는 사람에게로 움직인다', '부유한 사람이 더 부유해진다'라고 한다. 왜냐하면 자력으로 성공한 사람은 앞에서 말한 바와 같이 지능이 높기 때문이다. 돈 버는 능력이

탁월하기 때문에 세상 사람들의 니즈를 간파해 수익으로 연결시킬 수 있는 것이고, 달리 말하면 위험을 예측하고 대응책을 준비하는 문제해결 능력이 뛰어나 적절한 판단을 내릴 수 있기 때문에 돈을 잘 버는 것이다.

같은 맥락으로, 돈 버는 능력이 약해지면 지능도 낮아진다. 하버드대학교 경제학 교수인 센딜 멀레이너선이 2013년에 〈사이언스〉에 발표한 논문에 따르면 인간의 지능은 일정하지 않고 상황에 따라 낮아지기도 하는데, 그 주요한 원인 중 하나가 수입 감소라고 지적했다.

수입이 줄고 돈줄이 막히면 주택 대출금, 신용카드, 자녀교육비 등 돈 걱정에 골치가 아프므로 정신적으로 쫓기게 된다. 경제적으로 궁핍하면 아무래도 걱정거리가 많다. 이로 인해 스트레스가 쌓여 심적 부담이 커지기 때문에 깊게 생각하고 신중히 판단할 여유가 없어진다. 결국 일에 집중할 수 없고 참신한 아이디어도 떠오르지 않는 것이다.

이처럼 경제난에 따른 불안과 초조는 일상생활 전반에 악영향을 미친다. 빈곤의 악순환에 빠지지 않으려면 어떻게든 자신을 돈 버는 체질로 만들어야 한다.

PART 3

돈에 대한
거부감을 버릴 것

아이를 부자로 키우고 싶다면 부모부터 돈에 관한 오해와 편견을 버려야 한다. 돈은 도구이자 삶의 필수 불가결한 요소임을 인정하고, 가족끼리 돈 이야기는 굳이 하지 않는다는 생각을 버리자. 돈 얘기는 자연스러운 것이다. 아이의 나이와 이해도에 맞춰 돈과 관련된 지식을 가르쳐 보면 어떨까?

13

돈에 관한 이야기가
저속하다고 생각하지 마라

부모의 사고 습관은

그대로 아이에게 이어진다는

사실을 간과해서는 안 된다.

돈 얘기는
자연스러운 것

아이가 어느 정도 자라면 집안의 경제사정에 관심이 생긴
다. "우리는 부자야?", "우리는 가난해?", "아빠랑 엄마는 얼마
나 벌어?", "우리는 돈이 얼마나 있어?"와 같은 궁금증을 쏟아
내기도 한다. 이런 질문에 매번 "애들은 몰라도 돼!"라며 말을
돌려서는 안 된다. 물론 아이가 어릴 때는 정확한 수입이나
저축액을 이야기하면 학교 가서 술술 떠벌리고 다닐 게 뻔하
니 주의하고, "생활에 부족함이 없을 만큼 벌고 저축도 해" 정
도로 이야기해주면 된다.

일반적인 내용이라면 회피하기보다는 진지하게 이야기해
주는 것도 필요하다. 아이가 사회구조를 보다 넓고 깊게 이해
할 수 있는 계기를 마련해주기 때문이다. 보증인과 연대보증
인의 차이, 할부와 리볼빙의 차이, 주식과 채권의 차이 등 세

상에는 알아두면 유익한 혹은 불이익을 피할 수 있는 돈과 관련된 제도와 규칙이 많다. 아이가 돈에 관심을 보인다면 뉴스를 보거나 식사를 하면서 경제 전반에 관한 내용을 대화 주제로 삼아봐도 좋다.

금전 관리나 투자 관리 등에 관해 이야기해줄 때는 어떤 식으로 말하면 좋을까? 이때는 무조건 저금하거나, 되는 대로 투자하는 것이 아니라 나름대로 돈에 대한 철학을 가지고 있음을 알려주는 것이 좋다. 그러면 자연스럽게 아이도 돈에 대한 '의식'이 필요함을 익힐 것이다.

하버드대학교를 졸업하고 일본에서 팟쿤맛쿤이라는 개그 콤비를 결성해 활동 중인 방송인 패트릭 하란은 〈머니포스트 웹〉과의 인터뷰에서 다음과 같이 말했다.

"일본인들이 가족과 돈 이야기를 별로 안 한다는 걸 알고 신기했어요. 미국에서는 어릴 때부터 가족끼리 돈이나 투자에 관한 이야기를 나누곤 해요. 집에서는 물론이고 중학교에 들어가면 학교에서도 배워요. 미래에 어디에 살고 싶은지, 어떤 일을 하고 싶은지를 쓰고 실현하기 위해 돈이 얼마나 드는지 등을 조사하기도 하죠. 살고 싶은 집의 위치와 면적을 고려해서 가구나 자동차 비용을 산출하고 대출상환기간이 35년일 때 매월 얼마를 갚아나가야 할지도 계산해요. 또 살다 보면 병에 걸리는 것처럼 돌발적인 지출도 생각해야 한다는 걸 배워요. 그래서 보험의 필요성을 실감하고 실제 생활에 어떻게 도움이 되는지 시뮬레이션 해보기도 하죠."

가족끼리 돈 이야기는 굳이 하지 않는다는 생각을 버리고 나이와 이해도에 맞춰 돈과 관련된 지식을 가르쳐야 한다는 생각을 가져보자. 돈 얘기는 자연스러운 것이다.

돈을 부정적으로 이야기하지 마라

돈에 대해 이야기할 때 한 가지 주의해야 할 점이 있다. 돈을 부정적으로 묘사하는 말은 사용하지 않는 것이다. TV에 부자가 나오면 "운이 좋았던 거지", "부모가 부자일 거야", "나쁜 짓 해서 번 거 아냐?"처럼 선입견을 가지고 얘기하는 사람이 있다. 이런 고정관념은 학습능력을 저해시켜 성장할 기회를 가로막는다.

성공하는 사람에게는 반드시 이유가 있다. 그들이 어떻게 재산을 모았는지 배경을 알아보고 추측하다 보면 지금까지는 몰랐던 새로운 기회를 발견할 수 있다. 자격지심과 고정관념에 사로잡혀 눈과 귀를 닫고 사는 사람은 새로운 기회가 바로 옆에 있어도 알아차리지 못한다. 그리고 이러한 부모의 사고 습관은 그대로 아이에게 이어진다는 사실을 간과해서는 안 된다.

아이 앞에서
돈 때문에 싸우지 마라

돈 관련 이야기를 하면서 부부싸움에 대해서도 한번은 짚고 넘어가야 할 듯하다. 부부싸움은 아이들이 가장 힘들어하는 일 중 하나다. 사랑하는 아버지와 어머니가 서로 으르렁거리는 모습을 보면 아이는 정서적으로 설 자리를 잃고, 견딜 수 없는 불안감에 사로잡힌다. 그리고 그 원인을 자신에게서 찾고자 한다.

대부분의 아이들은 부모가 싸우는 게 자신의 잘못이라고 생각한다. 부모가 교육 문제로 싸우면 자기가 공부를 더 잘하지 못해서 싸운다고 생각하고, 돈 문제로 싸우면 자기 때문에 돈이 많이 들어서 싸운다고 생각한다. 부모의 싸움은 아이가 스스로를 부정하도록 만드는 것이다.

부부가 돈 문제로 싸우는 대부분의 이유는 소비에 대한 가치관이 다르기 때문이다. 아무래도 수입이나 저축할 수 있는 돈이 한정되어 있으니 '왜 그런 것에 돈을 쓰지?'라고 생각하고 부딪히는 것이다. 어쨌건 아이는 이런 다툼을 민감하게 받아들여 웬만해서는 돈 드는 일을 하지 않으려고 하고, 필요해도 부모에게 말하지 않게 된다. 다니고 싶은 학원이 있어도 "학원은 안 다녀도 괜찮아요"라며 지나치게 돈 문제를 의식하는 아이가 되기를 바라는 게 아니라면, 부모가 아이 스스로 자신의 욕구와 가능성을 억누르는 빌미를 제공해서는 안 된다. 돈에 관한 다툼은 물론이고 아이 앞에서는 부부싸움을 하지 말아야 한다.

14

빚을 내면 안 된다는
생각을 버려라

빚도 활용하기 나름!
어떻게 사용하느냐에 따라
좋은 빚이 되기도 하고 나쁜 빚이 되기도 한다.

좋은 빚과 나쁜 빚

일반적으로 빚은 무조건 지지 않는 게 좋다고 생각하는데 과연 그럴까? 빚은 나쁜 것이며 가능하면 피해야 한다는 생각은 잘못되었다. 어떻게 사용하느냐에 따라 좋은 빚이 되기도 하고 나쁜 빚이 되기도 하기 때문이다.

모든 빚은 다음의 세 가지로 구분할 수 있다.

선 만족 충동적인 사치품 소비(나쁜 빚)
선 수입 부동산 투자 등 훗날 자금 회수를 할 수 있는 소비(좋은 빚)
선 시간 자격 취득 등 빨리 시작하는 게 이득인 소비(좋은 빚)

좋은 빚은 기회를 가져다준다. 은행에서 대출받은 돈으로 건물을 사서 임대하는 부동산 투자를 생각해보자. 좋은 매물을 선택하면 임대수익을 통해 원금과 이자를 충당할 수 있다.

차액이 생기면 오롯이 자기 수익이 될 뿐만 아니라 대출을 다 갚고 매매한 후에는 목돈도 만질 수도 있다. 다시 말해 남의 돈을 이용해 수입과 자산을 늘리는 것이다. 이게 바로 부유층의 대다수가 돈이 많아도 굳이 은행에서 돈을 빌려서 부동산을 사는 이유다.

유학이나 자격취득을 위한 대출로는 성공의 기회를 만들 수 있다. 학비를 벌기 위해 학업을 중단하는 대신 학자금 대출 등의 제도를 통해 제때 공부를 하는 것도 좋은 빚에 해당한다. 기업이 대출을 받는 이유도 공장을 짓거나 다른 기업을 매수해서 성장의 기회를 잡는 데 있다. 이처럼 수입이나 시간을 미리 당길 수 있는 빚은 오히려 필요할 때 빌리지 않으면 기회를 잃는 셈이 된다.

반대로 선 만족을 위한 나쁜 빚은 돈과 기회를 앗아간다. 할부로 명품이나 차를 사는 등 소비를 위한 빚이 여기에 해당한다. 이렇게 진 빚은 짧은 만족감 외에 남는 것이 없는 데다가 설상가상 상품 가격에 이자를 더한 돈이 지갑에서 빠져나간다. 뿐만 아니라 과도하게 돈을 빌리면 학자금 대출이나 주택 대출 등을 받을 수 없는 경우가 있어 위험이 따른다.

개인과는
돈거래 하지 마라

하지만 빚의 종류와 상관 없이 친구나 선후배 등 개인 간의 돈거래는 반드시 주의해야 한다. 경제 감각이 있는 사람은 애초에 남에게 큰돈을 빌리지 않는다. 큰돈을 빌릴 일이 생기면 먼저 은행을 생각한다. 은행이 여의치 않으면 자신의 부모, 형제, 친척 등 가족에게 도움을 요청한다. 즉 일반적으로 지인에게는 큰돈을 빌릴 생각을 하지 않는다. 돈 때문에 문제가 생기면 인간관계를 다시 회복하기 쉽지 않기 때문이다. 그래서 친한 친구일수록 돈거래는 피해야 한다.

돈을 빌려준 사람은 잘 기억하지만, 돈을 빌린 사람은 그렇지 못한 경우가 많다. 그래서 결국 갚는 걸 미루거나 잊고 만다. 돈 개념이 느슨한 사람은 대부분 시간 개념도 느슨해서 결국 신뢰와 기회를 잃고 스스로 자기 삶을 망친다. 이런 부류의 사람과는 관계를 맺고 지낼 가치가 있는지 잘 생각해야 하며, 그럼에도 불구하고 빌려주고 싶은지, 나중에 돌려 받지 않아도 괜찮은지 잘 생각해서 처신해야 한다.

주변에 돈 빌리는 걸 쉽게 생각하는 사람은 돈 문제가 생겨도 스스로 해결하려고 노력하지 않을 뿐만 아니라 애초에 계획적으로 돈을 써야겠다는 마음도 없다. 요컨대 자기 돈이 아니면 쉽게 써버린다는 이야기다. 아무리 친해도 이런 사람들에게는 돈을 빌려주지 않는 것이 오히려 상대방을 위한 일이며 진정한 배려다.

학자금 대출을
권하라

살다보면 자녀가 빚을 질 수밖에 없는 상황에 처하기도 한다. 학자금 대출이 대표적인 예다. 아이가 무조건 빚을 나쁘게 생각할 필요도 없지만 너무 쉽게 생각해서도 안 되므로 돈을 빌린다는 것이 무엇을 의미하는지, 그리고 좋은 빚과 나쁜 빚의 차이가 무엇인지 충분히 설명해줄 필요가 있다.

부모 중에는 빚을 안겨주고 싶지 않다며 학자금 대출을 꺼리는 사람도 많다. 물론 경제적으로 여유가 있다면 학비를 지원해줄 수도 있지만 노후 자금이 여의치 않다면 학자금 대출을 활용하는 것을 추천하고 싶다. 학자금 대출로 진학하면 금전적인 문제를 해결하는 것뿐만 아니라 아이에게도 책임감이 부여되어 학업에 더 충실할 수 있는 동기가 생기기 때문이다.

아이와 학자금 대출에 관해 상의할 때는 다음과 같은 식으로 얘기할 수 있다.

"학자금 대출은 빚이니까 졸업하면 매월 일정액을 상환해야 해. 졸업과 동시에 취업을 해서 갚아 나가는 거지. 네가 대학에 진학하고자 하는 이유가 남들 다 가니까 그냥 한번 들어가보자는 가벼운 마음이라면 나중에 갚을 때 힘들어질 수 있어. 실제로 생활이 파탄에 이르는 경우도 적지 않다고 하더구나. 취업이 안 될 때를 대비해 일정기간 동안은 갚지 않아도 되는 유예 제도도 있긴 하지만 그렇다고 갚아야 할 돈이 줄어드는 건 아니라는 걸 명심해야 해."

이런 이야기는 아이가 대학 진학에 정말로 의욕이 있는지를 비롯해서 대학에 가서 무엇을 공부하고 어떤 능력을 키우고 싶은지, 또 직업을 선택할 때 어떤 효과가 있는지 등을 진지하게 고민하는 계기가 될 수 있다.

15

주식에 손대지 말라고
하지 마라

금융상품과 서비스,
기술의 발전으로 돈을 버는
방법이 다양하다는 것을 알려주자.

돈 버는 방법은
다양하다

수입을 늘리고자 할 때 '무슨 아르바이트를 할까? 시급은 얼마지?'만 생각하는 사람이 있는데, 이런 사람들은 타인이 지시하는 일에만 익숙해져 있어 스스로 뭔가를 하겠다는 발상이 없다. 아무리 능력이 뛰어나도 인간이 하루에 일할 수 있는 시간은 정해져 있다. 자신의 노동력만으로 벌 수 있는 돈은 애초에 한계가 있다는 의미이기도 하다. 반면 사람을 고용해서 규모를 키우면 혼자서는 할 수 없었던 일이 가능해져 큰 수익을 창출할 수 있다. 또한 일부 자산을 주식이나 부동산 등에 투자하면 직접 시간을 들여 움직이지 않아도, 심지어 자고 있는 동안에도 돈을 벌 수 있고 위험 분산의 효과도 있다.

아이가 자라서 사회가 어떻게 돌아가는지 어느 정도 알게 됐다면 이처럼 직접 노동하는 것 외에도 돈을 벌 수 있는 방법이 있음을 알려주는 것이 좋다.

대다수의 사람은 자신의 노동력을 제공해야 돈을 벌 수 있다는 고정관념에 사로잡혀 있다. 이런 이유로 '투자에는 흥미 없어, 은행 예·적금이면 충분해, 투자는 위험해'라며 처음부터 꺼리는 사람도 적지 않다. 하지만 오늘날은 금융상품과 서비스, 기술의 발전으로 자신이 직접 움직이지 않아도 돈을 버는 방법이 매우 다양하다.

돈 버는 시스템을
만들어라

'돈이 돈을 번다'는 말이 있다. 부동산이나 주식뿐만 아니라 외화나 보험 상품도 마찬가지다. 또 개인 SNS에 상품을 소개하거나 판매하는 방식과 같이 시스템이 돈을 버는 방식도 예로 들 수 있다. 이들은 돈을 투자해서, 혹은 시스템을 만들어서 자신의 노동력과 무관하게 돈을 번다.

실제로 부자들의 일상을 잘 관찰해보면 별로 하는 일 없이 느긋하게 하루하루를 보내고 있는 것처럼 보이는데, 이는 수입원이 다양하기 때문이다. 또한 하고자 하는 일을 이루기 위해 직접 뛰는 것이 아니라 적절한 인재를 고용해서 수입의 규모를 키우기 때문이다.

이처럼 다양한 돈벌이, 즉 다양한 가치 창출 방법이 있다는 것을 알고 있으면, 아이는 하고 싶은 일을 이루기 위해 다방면으로 고민해 볼 것이고 부모는 자신의 아이가 어떤 분야에 재능이 있는지를 좀 더 수월하게 찾아줄 수 있을 것이다.

물론 부모가 지식이나 경험이 부족해서 아이에게 다양한 방법을 알려주기 어려울 수도 있다. 그렇다면 앞서 2장에서 언급한 고등학생 때 부모에게 1억 원을 받아 주식을 시작했다는 경영자의 이야기처럼, 경험 삼아 주식투자 정도는 시켜볼 수 있지 않을까? 실제로 이 경영자는 자신의 경험을 살려 현재 초등학생인 아들에게 계좌를 만들어주고 주식을 운용하게 하고 있다.

아이 명의로
증권계좌를 만들어 줄 것

세계적으로 저명한 투자자인 워런 버핏은 11세에 주식투자를 시작했고, 일본 펀드업계의 신의 손이라고 불리는 무라

부자들의 일상을 잘 관찰해보면 별로 하는 일
없이 느긋하게 하루하루를 보내고 있는 것처럼
보이는데, 이는 수입원이 다양하기 때문이다.

카미 요시아키는 초등학교 3학년 때부터 주식을 시작했다고 한다. 자녀가 미성년자라도 가족관계증명서 등 필요 서류를 챙겨서 신청하면 아이 명의로 증권계좌를 만들 수 있다. 아이가 좋아하는 장난감 회사의 주식을 살 수도 있고, 타고 다니는 자동차 회사나 자주 먹는 식품 회사의 주식도 좋다. 종목을 상의해서 고르는 과정에서 자연스럽게 경제와 사회에 대한 대화를 나누게 되며, 이를 통해 세상을 보는 폭을 넓힐 수 있을 것이다.

주식투자는 매일 차트를 보면서 빈번히 거래를 해야 한다고 생각하는 사람도 있을 텐데, 이 또한 고정관념이다. 종목에 따라서는 사서 방치해둬도 문제가 없다. 또 주가는 매일 변동하면서 이익과 손실이 발생하는데 이러한 시스템이 아이들에게는 게임처럼 느껴질 수 있다. 어쩌면 아이가 이런 상황에 흥미를 느끼고 주가변동이나 기업가치 정보를 스스로 찾아보게 될지도 모른다. 이렇게 되면 아이 나름대로 정보가 중요한 판단 자료가 된다는 사실을 실감하고, 자본주의를 배우는 계기가 될 것이다.

16

생활만 되면 된다는
생각을 버려라

좋아하는 일을 하면서
돈을 벌 수 있다는 자신감은
삶에 대한 자신감으로 이어진다.

좋아하는 일로
돈을 '많이' 벌자는 생각

가끔 돈에 관련된 정보를 인터넷에 올리는데, '그렇게 많이 벌어서 어디에 쓸 건가요, 생활에 필요한 정도만 벌면 되잖아요' 같은 지적을 받기도 한다.

돈 되는 일이라면 무엇이든 하면서 삶이 피폐해질 때까지 돈을 벌어야 한다고 주장하는 게 아니다. 어디까지나 좋아하는 일을 하면서, 재능을 살려서 돈을 벌자고 주장하는 것이며 달리 말하면 즐겁게 돈을 벌자는 것이 전제다. 이런 전제 아래 앞선 지적들은 그저 억지이거나 싫어하는 일을 어쩔 수 없이 하고 있는 사람들의 주장이 아닐까 하는 생각이 든다.

아이들은 누구나 직업을 선택할 자유가 있다고 배운다. 아이에게는 장래 희망을 묻고 꿈을 가지라고 말하면서 정작 본인은 좋아하지도 않는 일을 억지로 하고 있는 부모를 아이는 어떻게 생각할까? 자신의 가능성을 살릴 수 있는 것이 무엇인지 찾지 않고, 일은 괴롭고 힘들며 어쩔 수 없이 견뎌야 하는 것이라고 생각하는 부모 밑에서 아이들은 '일은 공부만큼 재미 없고 힘든 것'이라는 인식을 가지게 된다.

재능을 살려 돈을 번다는 것의 의미

돈 버는 능력이 생기면 노동시간을 줄여도 돈을 벌 수 있다. 또한 좋아하는 일을 하면서 돈을 벌 수 있다는 자신감은 삶에 대한 자신감으로 이어진다. 남들이 어떻게 생각하든 상관하지 않고 당당하게 자기 삶을 살 수 있어 심적으로도 여유롭다. 만약 자녀가 돈을 많이 벌 필요가 없다고 말한다면 어떻게 말해줘야 할까?

"돈을 많이 벌 수 있다는 건 인생을 살면서 선택할 수 있는 폭이 넓어진다는 걸 의미해. 선택할 수 있다는 건 행복을 쟁취할 수 있는 능력이 있다는 의미야. 그리고 돈은 그 능력을 수중에 넣는 방법 중 하나란다. 혹시 일하는 게 싫은 건 아니니? 일의 본질은 자신의 재능을 발휘해서 사람과 사회의 문제를 해결하고 감사의 대가를 받는 거란다. 그러니까 일은 본래 즐거운 거야. 일하는 게 싫어서 그걸 정당화하려고 많은 돈을 벌 필요 없다고 생각한다면, 먼저 네가 몰두할 수 있는 일이 뭔지 찾아봐. 월요일 아침이 기다려지는 그런 일을 직업으로 삼는 거야."

돈을 번다는 건 문제를 해결하거나 꿈을 실현시켜서 만족을 주고 세상을 이롭게 하는 일이라는 관점을 알려주자. '그렇게 많은 돈을 벌 필요 없어'라고 말하는 사람은 '남들에게 도움이 되지 않아도 괜찮아'라고 말하는 것과 다름없다는 것을 깨닫게 되면 아이도 '돈 버는 것'에 대해 다시 생각해볼 수 있을 것이다.

돈을 번다는 건
나다운 삶을
살 수 있다는 것

　돈 버는 능력을 가르치는 일은 자신감을 키우고 '나다운 삶'을 영위할 수 있는 힘을 길러주는 것과 같다. 이것이 내가 돈 버는 능력을 강조하는 세 번째 이유다.

　돈을 잘 버는 사람들은 몸에서 광채가 난다. 자신이 좋아하는 일을 해서 남들에게 인정받고 있기 때문이다. 싫지만 어쩔 수 없이 하는 일에서 성과를 올리기는 쉽지 않다. 반면에 하고 싶은 일을 하면 뇌가 최대로 활성화되어 오랫동안 몰두할 수 있다. 자연스럽게 돈도 따라온다. 돈을 잘 버니 나다운 삶을 살 수 있고, 나다운 삶이 자신감 넘치는 삶으로 직결되며, 자신감이 부가가치를 창출하는 원동력이 되는 선순환 구조가 만들어지는 것이다.

여기서 돈을 많이 버는 것과 돈이 많은 것은 엄연히 다른 의미다. 단순히 돈이 많다고 해서 자신감이 올라가고 나다운 삶을 누릴 수 있는 것은 아니다. 자신감은 돈 자체가 아닌 돈 버는 능력에서 온다. 이것이 바로 돈 모으기보다 돈 벌기를 강조하는 이유다. 악착같이 모으기만 한 사람은 그 돈을 잃으면 제로가 되지만, 돈 버는 능력이 있으면 집과 일을 모두 잃어도 극복이 가능하다. 처음부터 다시 시작할 수 있다는 자신감만 있으면 아무리 절망적인 순간이 와도 이겨낼 수 있다.

한때 노후 자금 10억 원 모으기가 유행했다. 하지만 우리가 얼마나 오래 살지는 아무도 모른다. 아무리 저금을 많이 해도 불안을 떨쳐버릴 수 없는 것이다. 예금 잔고가 아무리 많아도 돈을 벌지 못해 점점 잔고가 줄어들면 앞날이 두려워 인색한 삶을 보낼 수밖에 없다.

반면에 저금이 3,000만 원 밖에 없더라도 매달 300만 원씩 들어오고, 내년에도 매달 300만 원이 들어온다는 보장이 있다면 오히려 안심하고 계획적으로 삶을 살 수 있다.

PART 4

가능성의 싹을
꺾지 말 것

사실 경제 교육보다 더 중요한 건 아이의 자존감을 키워주는 것이다. 충분한 사랑을 받아 뿌리가 단단한 아이는 자연스럽게 성공의 토대를 갖춘 어른으로 성장한다. 부모의 고정관념이 아이의 판단력과 상상력을 가두지 않도록 아이를 믿고 열린 태도로 대하는 것이 중요하다.

17

공부하라고 하지 마라

공부는 누가 시켜서 하는 게 아니라
스스로 하는 것이라는 생각이 확립되면
어른이 돼서도 '공부는 꿈을 좇기 위해
필요한 과정'이라고 여기게 된다.

공부하는 습관은
성공의 바탕이 된다

성공한 사람 중에 공부를 못했던 사람은 거의 없다. 대학을 중퇴하고 창업하여 성공한 대표적인 케이스로 페이스북의 마크 저커버그와 마이크로소프트의 빌 게이츠를 꼽는데 이들은 하버드생이었고, 앞서 언급한 엘론 머스크도 미국의 명문 펜실베니아대학교의 와튼스쿨에서 장학금을 받으며 학교를 다녔다(이틀 만에 자퇴한 것으로 알려져 있는 대학원도 무려 스탠퍼드다). 일본을 대표하는 인터넷 쇼핑몰 락쿠텐의 창립자인 미키다니 히로시는 초등학교 때 공부와 담을 쌓은 걸로 유명하지만 알고 보면 릿쿄대학교 출신이다. 이들의 공통점은 고등학교 때까지의 성적이 남들보다 우수했다는 것이며 이는 기초학력의 중요성을 시사한다.

물론 학력이 성공과 행복을 보장해주지는 않는다. 개인적으로도 학력이나 성적을 좇는 교육에는 부정적인 입장이다. 학력은 인간의 능력 중 극히 일부에 지나지 않고, 성적으로 모든 능력을 측정할 수 없다. 예술이나 스포츠 등 학교 주요 교과목 이외의 분야에서 재능을 발휘하는 사람도 많다. 일본 장기계에서 최연소 기록을 갈아치우며 열풍을 이끈 후지이 소타처럼 학교에서 키워줄 수 없는 재능도 분명히 있다.

그렇지만 어릴 때 공부는 공부 이상의 의미를 가진다. 대부분 의무교육에서 뒤떨어지면 배움 자체에 흥미를 잃고 훗날 학습의욕이나 지적호기심을 저해하는 요인으로 작용할 가능성이 크다. 그러므로 첫 단추를 잘 꿸 수 있도록 부모가 도움을 주어야 하며, 만약 아이가 공부를 잘하고 싶어 하고 성적을 올리겠다는 의욕이 있다면 더욱 신경을 써야 한다.

그렇다고 "공부해!", "숙제는 했니?" 같은 잔소리를 하라는 것은 아니다. 강요하면 오히려 역효과가 나서 공부를 싫어하는 아이가 되기 십상이다. 성공한 사람의 대다수가 어릴 때 공부하라는 잔소리를 별로 들어본 적이 없다고 한다. 한 프로그램에서 도쿄대학교에 합격한 학생들을 인터뷰했는데, 부모가 공부하라는 잔소리를 많이 했다는 학생은 27명 중 1명에 불과했다.

도쿄대학교 사회과학연구소와 베네세 교육종합연구소의 공

동조사 〈아이의 생활과 학습에 관한 친자 조사 2015~2016〉에서도 재미있는 결과가 나왔다. 초등학교 고학년생 중에 공부가 싫다는 아이들의 1년 후를 추적해보는 조사였는데, 공부가 싫다는 쪽에서 공부가 좋다는 쪽으로 바뀐 아이가 약 10% 정도 있었다. 공부를 좋아하게 된 그룹과 여전히 공부가 싫다는 그룹을 비교해봤더니 자신의 호기심과 관심을 공부로 연결시킨, 이른바 자발적 동기부여로 공부했는지 여부에 따라 확연한 차이를 보였다. 조사결과에 따르면 공부가 여전히 싫다고 답한 그룹에서는 자발적 동기부여로 공부하는 아이의 비율이 42%에 그친 반면, 공부를 좋아하게 되었다는 그룹에서는 76.1%가 넘었다.

공부를 좋아한다는 것은 아는 즐거움을 깨달았다는 의미다. 이런 깨달음은 배움을 지속할 수 있게 해주며, 어른이 되어서도 새로운 것을 배우고자 하는 마음의 토대가 된다.

아이들은 누구나
공부를 좋아할 수 있다

앞의 조사에서 학년에 따른 결과를 살펴보면 초등학교 1학년생 중에 공부를 싫어하는 아이는 20%인데 비해 5학년생은 30%로 늘었다. 바꿔 말하면, 이는 초등학교 1학년 때는 대부분의 아이들이 공부를 좋아했는데 점차 싫어하게 되었다는 것을 의미한다.

공부가 싫어지는 가장 큰 이유는 모르기 때문이다. 특히 수학은 배운 것을 응용해서 다음 단계로 넘어가는 교과목이기 때문에 갈수록 힘들어 하는 경향이 많다. 도중에 모르는 부분을 해결하지 못하면 '수학은 어려우니까 싫어'라는 반응을 보일 수밖에 없다. 이렇게 과목 하나가 싫어지면 공부 전체가 싫어질 수도 있으니 주의 깊게 살펴야 한다. 반면 문제가 풀리기 시작하면 공부가 즐겁다. 아이들은 특유의 호기심과 달성 욕구가 크기 때문에 성적이 좋아지면 기쁨 또한 금세 급상승한다.

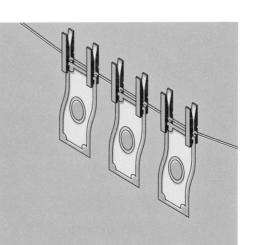

어릴 때 공부는 공부 이상의 의미를 가진다.
의무교육에서 뒤떨어지면 배움 자체에 흥미
를 잃고 훗날 학습의욕이나 지적호기심을
저해하는 요인으로 작용할 가능성이 크다.

공부를 좋아하게 만드는
부모의 역할

그럼 구체적으로 아이에게 어떤 도움을 줘야 하는 걸까? 아이가 자발적으로 공부할 수 있는 환경을 만드는 것에 집중하면 된다. 먼저 첫 번째는 명령이나 강요를 해서는 안 된다. "공부해", "숙제해", "성적 좀 올려"라는 말은 하고 싶어도 무조건 참자. 그리고 아이가 뭔가에 흥미를 보이면 부모도 관심을 갖고 질문하거나 함께 알아보고 관련 책을 사주는 등 더 깊이 파고들 수 있도록 지원해야 한다.

두 번째는 부모 자신이 새로운 일에 대한 호기심을 갖고 끊임없이 도전해 배움의 중요성을 행동으로 보여야 한다. 부모가 독서를 하지 않으면 아이도 책을 읽지 않는 경향이 있다. 반대로 부모가 배우는 모습을 보이면 아이도 공부의 중요성을 스스로 인식한다.

세 번째는 스스로의 의지로 공부할 마음이 생길 때까지 참고 기다려주는 것이다. 부모로부터 다양한 정보를 듣고 경험을 쌓으면 아이도 자신의 미래에 대해 구체적으로 생각할 시기가 온다. 혹은 친구들과 꿈이나 진학 이야기를 나누는 때가 자연스럽게 찾아오기도 한다. 이렇게 해서 진로를 정하면 스스로 공부하게 되므로 일단은 믿고 기다려주자.

공부는 누가 시켜서 하는 게 아니라 스스로 하는 것이라는 생각이 확립되면 어른이 돼서도 '공부는 꿈을 좇기 위해 필요한 과정'이라고 여기게 된다. 결과적으로 목적을 달성하려면 스스로 움직여야 한다는 전향적인 동기가 부여되는 것이다.

'나만의 공부법'을 찾아줄 것

아이에게 결정적으로 도움을 줄 수 있는 방법이 하나 더 있다. 대부분의 아이들은 효율적인 공부법을 익힐 기회가 많지 않다. 공부법이 잘못되었거나 어떻게 공부해야 좋을지 모르기 때문에 공부에 대한 의욕이 떨어지는 것이다. 아이가 공부를 싫어한다면 먼저 효과적인 공부법을 가르치고 그 효과를 실감할 수 있도록 하자.

내게도 수학은 어려운 과목이었다. 고등학생이 된 후로 수학 성적이 좋지 않아 흥미를 완전히 잃었었는데, 《수험은 요령受験は要領》이라는 책을 읽고 공부법을 바꿨더니 성적이 빠르게 올랐던 경험이 있다.

이때 책 내용을 그대로 흉내 내서는 효과가 없고, 자기가 공부하기 편하게 조정해서 '나만의 공부법'을 확립하는 것이 중요하다. 내가 일본 상업부기검정 1급을 한 번에 합격하고 미국 공인회계사 시험도 1년 반 만에 합격할 수 있었던 건 다음과 같은 시행착오를 겪은 덕분이다.

- 모르는 문제는 꾸물거리지 말고 바로 답과 맞춰본다.
- 해설을 꼼꼼히 읽고 왜 틀렸는지 이유를 파악한다.
- 틀린 문제는 표시하고 정답을 맞힌 문제는 넘어간다.
- 틀린 문제만 모아서 세 번 연속으로 정답을 맞힐 때까지 반복한다.
- 노트에 적은 답은 지우지 말고 남겨둬서 어떤 패턴으로 틀리는지 확인한다.
- 교재의 핵심을 요약하며 작은 성취감을 느낀다.

어떤 식으로 공부법을 만드는지 힌트를 주기 위해 적기는 했지만, 이것도 나만의 방식이므로 무조건 따라 하기보다는 이런 식으로 아이에게 맞는 효율적인 공부법을 찾아서 조언하는 것이 중요하다.

학교 공부를 위해
신경 써야 할 것들

성적은 수업을 잘 들으면 반드시 오른다. 당연하게 들리겠지만 사실이다. 초등학교와 중학교에서는 수업을 이해했는지 측정할 목적으로 시험을 치르기 때문에 출제 문제는 모두 수업 내용에서 나온다. 현직 교사에게 직접 들은 바로는 선생님도 평균 성적이 너무 낮으면 곤란하므로 시험에 나오는 문제는 수차례 강조해서 가르친다고 한다. 요컨대 수업만 잘 듣고 이해하면 기본적으로 좋은 성적을 낼 수 있다는 것이다.

아이가 시험을 잘 보겠다는 의지가 있다면 선생님 말씀을 경청하고 수업에 집중하라고 조언하자. 아이가 이런 조언을 듣고 실제로 성적이 오르면 수업에 임하는 자세도 달라진다. 또한 공부할 때는 암기보다는 이해에 중점을 두는 게 좋다. 암기에서 막히면 학문의 매력을 느낄 수 있는 단계까지 도달할 수 없다. 개념을 완전히 이해할 수 있도록 반복하고, 예습보다는 복습에 집중하는 것이 효과적이다. 복습할 때 도움을 주기 위해서는 말로만 복습하라고 하지 말고 질문을 해보자. 예를 들어 "오늘은 무엇을 배웠니?", "오늘 배운 걸 한마디로 정리해줄래?", "오늘 공부한 것 중에 가장 중요한 건 뭐야?"와 같은 질문을 해서 수업의 요점을 상기하도록 만든다. 더 구체적으로는 "오늘은 뭘 공부 했어?", "수학이요!", "어떤 수학?", "분수 뺄셈이요!", "분수 뺄셈에서 가장 중요한 게 뭐야?", "통분하는 게 중요해요" 이렇게 질문을 해서 생각을 유도하는 방식이다.

그리고 중학교에 들어갈 때 즈음부터는 다른 사람의 입장을 엮어서 질문할 수 있다. "네가 선생님이라면 어디에서 문제를 출제하겠니?"같은 질문도 효과적이다. 이러한 질문은 요점을 정리하거나 본질을 간파하기 위한 훈련이다.

어릴 때 공부는
뇌의 토대를 만드는 것

아이가 "이런 공부가 무슨 도움이 돼요?"라고 하면 어떻게 말해야 할지 난감하다. 이럴 땐 한 여성 기업가의 말을 참고해보면 좋을 것 같다.

"공부 자체가 인생에 도움이 되지는 않는다고 생각해요. 다만 배우는 과정 속에서 논리적인 사고, 추리력, 독해력 등이 몸에 배게 되는데, 이것이 나중에 생각하는 힘을 이루는 토대가 되죠. 예를 들어 어떤 스포츠를 하더라도 반드시 처음에는 뛰는 연습을 하는 것처럼요. 탁구처럼 달릴 필요가 없는 스포츠도, 양궁처럼 상반신만 사용하는 듯 보이는 스포츠도 뛰는 연습은 필수죠. 다리와 허리가 몸의 토대이기 때문이에요. 라켓을 휘두르는 연습, 활시위를 당기는 연습만으로는 강해질 수 없어요. 강해지려면 도움이 될 것 같지 않은 달리기 연습도 해야 하는 거랍니다."

공부도 스포츠와 마찬가지다. 논리적인 사고나 문제해결력은 공부를 통해서 익힐 수 있다. 아직 뇌가 성장하고 있는 어린 시절에는 뇌를 많이 자극시킬수록 뇌세포가 활성화하여 뇌의 신경 네트워크를 확장하는 데 도움이 된다. 즉 배운 지식을 실생활에 바로 활용하려고 하기 보다는 배우는 과정을 통해 생각하는 힘의 토대를 만들어간다고 여기는 것이다.

18

아르바이트를
금지하지 마라

아르바이트는 귀중한 배움의 장이다.
사회생활을 미리 경험해볼 수 있고
시급 아르바이트의 한계를 체감하여
급여를 받는 입장에서 돈을 창출하는
입장으로 사고의 전환을 할 수 있다.

아르바이트에서
배울 수 있는 것

아이에게 아르바이트를 시킬 것인가 말 것인가의 문제는 찬반이 갈릴 듯하다. 학생의 본분은 공부라고 생각하는 사람도 많아서 그런 방침을 부정할 생각은 없다. 다만 아이를 돈 버는 체질로 키운다는 관점에서 생각하면 아르바이트 경험이 두 가지 측면에서 효과가 있다고 생각한다. 하나는 사회에 나가서 일을 하고 돈을 번다는 게 어떤 것인지 체험함으로써 진로를 생각해보는 데 도움을 준다는 것이고, 다른 하나는 시급 아르바이트의 한계를 경험할 수 있다는 점이다.

먼저, 전자는 무엇을 의미할까? 한 초등학교에서 수업의 일환으로 학생들이 학교 텃밭에서 키운 작물을 다 함께 수확해서 손수레에 싣고 나가 판매했다. "채소 팔아요!"라고 외쳐 손님을 불러 모으거나 아주머니들과 흥정을 하기도 했다. 자신들이 만든 상품을 돈을 받고 직접 팔아보는 경험은 돈 버는 일이 어떤 것인지 알게 함과 동시에 부모님께 감사하는 마음을 갖는 계기를 만들어준다. 실제로 이 학교 아이들은 장사 경험을 한 이후부터 울거나 떼쓰는 빈도가 눈에 띄게 줄었고 부모님을 적극적으로 도와주기 시작했다고 한다. 장사의 즐거움에 눈떠 상업고등학교에 가겠다고 진로를 진지하게 말하는 아이도 생겼다.

반면 취업 경험이 전무한 상태에서 바로 사회생활을 하면 어떻게 될까? 경험이 없으면 사회에서 부딪히는 모든 일들이 괴롭고 낯설어 좌절하는 일이 생기기 십상이다. 다소 극단적인 예지만, 회사를 운영하는 지인이 '아르바이트 경험이 없는 신입사원은 조금만 엄하게 대해도 "나도 노력한다고요!"라고 반발한다'며 투덜거리는 걸 들은 적이 있다. 어쩌면 이런 사람은 사회에서 평가받고 보수를 받는다는 게 무엇을 의미하는지 모르는 것일 수 있다. 아르바이트를 하면 점장이나 매니저 같은 상사가 있고 응대해야 하는 고객이 있어 사회 생활을 어느 정도 경험할 수 있다. 이런 경험 없이 사회로 곧장 나오면 남들에게 평가 받는 게 어색하고 부당하게 느껴질 수 있다. 또한 요즘에는 동아리나 동호회 활동을 많이 하지 않아서 상하관계를 이해하지 못하고 경어 사용이 어눌한 사람도 있다.

물론 모두가 그렇다는 것은 아니며 대부분은 서서히 적응한다. 다만 사회 경험을 미리 해본다는 의미에서 아르바이트는 귀중한 배움의 장이다. 특히 음식점이나 서비스업은 배울게 많다. 고객을 직접 응대한 경험은 어떤 직업을 가지더라도 유용하게 쓰인다. 예를 들어 정중하게 말하는 법이나 상대의 감정을 읽고 대응하는 법은 어떤 직업을 막론하고 공통적으로 필요한 스킬이다. 또한 세대가 다르고 생활환경이 다른 사람과 부대끼며 소통하고 협동하는 방법도 경험해 볼 수 있다.

시급의 한계

그럼 시급 아르바이트의 한계를 경험할 수 있다는 말은 무엇을 의미할까? 노동은 기본적으로 자신의 시간을 파는 것이다. 시급은 노력과 무관하게 1시간 일하면 1시간분의 급여를 받는 제도이며 그 이상도 이하도 아니다. 어떤 일을 하든 일한 시간을 계산해서 정해진 시급만큼만 받는 것이다. 따라서 자신의 능력 발휘가 평가로 이어질 여지가 많지 않다. 이런 의미에서 물리적으로도 시간을 팔아서 10억 원을 벌기는 거의 불가능하다. 통역 등 고도의 능력이 필요한 업무나 유명 학원 강사는 고액의 시급을 받기도 하지만 일부 직종에 한정된다.

대부분의 일이 비즈니스 모델은 고용자가 만들고, 그에 따른 노동은 아르바이트생이 하는 구조다. 이런 구조에서는 고용자가 원하는 일을 해줄 사람이 누구라도 상관없다. 원하는 시간에 원하는 일을 해주면 그뿐이다. 그래서 일반적인 아르바이트는 심각한 인력부족이 생기지 않는 한 임금 상승을 기대하기 힘들다. 대체 인력이 얼마든지 있기 때문이다. 이것이 바로 시급 아르바이트의 한계다. 이는 월급쟁이도 마찬가지다. 월급이 쉽사리 오르지 않는 이유는 비즈니스 모델에 인건비가 차지하는 비중이 크기 때문이다. 회사의 수익구조상 인건비 상한선이 정해져 있으므로 높은 급여 책정은 애초에 불가능하다.

이러한 점들을 배우게 하기 위해서라도 부모는 자녀에게 되도록 일정기간 아르바이트 경험을 갖게 하는 게 좋다고 생각한다. 자기 시간을 밑지고 팔 게 아니라 스스로 돈을 창출하는 쪽Make Money으로 삶의 방향을 잡아주자.

보수의 본질은 제공한 가치에 대한 지불이지 들인 시간이 아니다. 노동시간에 관계없이 큰 가치를 창출했다면 당연히

많은 보수를 받겠지만, 그렇지 못하면 몇백 시간 일해도 보수
는 없다고 생각해야 한다. 이런 전제 하에 창업이 고등학교와
대학교의 필수 과목으로 선정되길 바란다. 아이들이 일찍부
터 스스로 상품과 서비스를 만들고 스스로 가치를 부여하며
스스로 판매하는 일을 경험할 필요가 있다.

19

한턱내지 못하게 하라

'내 몫'을 분명하게 인지시키고
내 것을 무리하게 내어주지도,
남의 것을 욕심내지도 않도록 키우는 것이 중요하다.

어릴수록 '내 몫'에 대한
개념이 필요하다

초등학교에 들어갈 즈음에는 친구끼리 사주거나 얻어먹는 일이 생기기도 한다. 부모 입장에서는 베풀 줄 아는 아이가 되기를 바라며 "친구들 맛있는 거 사줘"라고 말하기도 하는데, 어릴 때 한턱내는 습관은 들이지 않는 것이 좋다. 푼돈에 예민하게 반응할 필요가 있냐는 의견도 있겠지만 부모에게 받은 돈은 자신의 능력으로 번 게 아니므로 사주거나 얻어먹을 이유가 없다.

아이들은 친구에게 잘 보이려고 돈을 펑펑 쓰기도 한다. 뭔가 사주면 친구들이 치켜세우기 때문이다. 앞서 용돈의 쓰임에 대해 터치하지 않기로 했지만 만약 아이가 용돈을 너무 빨리 써버리거나 친구 생일 선물로 많은 돈을 쓴다면 주의를 줘야 한다. 단순히 돈 문제를 넘어 친구를 사귀는 방법에 문제

가 있는 것이기 때문이다. 이는 어른도 마찬가지다. 누구에게
나 거침없이 돈을 써서 친구가 많은 것처럼 보이는 사람이 있
다. 그런데 이런 사람 중에는 마음을 터놓고 이야기할 친구가
없거나 어떻게 인간관계를 맺어야 할지 몰라서 돈으로 인연
을 유지하는 사람이 많다. 받는 사람 입장에서도 처음에는 아
니었으나 점차 '사주니까 사귄다'라는 식으로 돈이 목적인 관
계가 되기 십상이다. 결국 이런 관계는 돈이 끊기면 인연도
끊기고 만다.

한턱내는 것은
사회인의 전략

다만 어른이 되어 사회로 나오면 '전략적 한턱'이라는 것
이 존재한다. 관계를 깊게 하거나 지속적인 유지가 필요한
사람에게는 술이나 음식으로 환심을 살 필요가 있다. 접대를
받은 쪽은 뭔가 사례를 하고 싶은 마음이 생기기 마련인데,
본인이 원한다면 "오늘은 잘 먹었습니다. 다음에는 제가 한
번 쏠게요"라며 관계를 지속시킬 이유를 자연스럽게 만들 수
있는 것이다. 성공한 사람들은 이렇게 인맥을 유지하고 확대

해간다. 이렇듯 어른이 되면 자연스럽게 한턱낼, 아니 내야 할 자리가 생기기 마련이다. 오히려 베풀지 않으면 성공하기 어렵다. 하지만 아이들은 아니다. '내 몫'을 분명하게 인지시키고 내 것을 무리하게 내어주지도, 남의 것을 욕심내지도 않도록 키우는 것이 중요하다.

20

"저 친구와 어울리지 마" 라고 하지 마라

어른의 잣대로 판단하지 말고,
아이에게 옳고 그름을 가릴 수 있는
판단력과 나쁜 것에 손대지 않는
강인한 정신력을 키워주는 게 중요하다.

다양한 사람은
곧 다양한 가치관

앞으로는 다양성이 일과 성공의 화두로 작용할 것이다. 다양성을 인정하는 것이 곧 다양화된 사회의 니즈를 파악할 수 있는 능력과 연결되기 때문이다.

세상은 기호와 가치관이 서로 다른 사람들로 가득하다는 것을 받아들이면 1인 화로 고깃집, 고수음식 전문점, 퇴직 대행서비스, 피로연 대리출석서비스 등과 같은 특이한 비즈니스를 착안해낼 수 있지만, 다양성을 인정하지 않으면 이런 상품이나 비즈니스가 그저 신기하다고 생각하는 데 그칠 뿐이다.

앞으로는 글로벌한 인재와 함께 프로젝트를 추진하거나 협업하는 형태가 많아질 것이다. 이때 "저런 건 좀 이상해"라며 자신의 가치관에만 사로잡혀 있으면 우물 안에 갇혀 능력을 발휘할 수 없다.

다양성을 이해하는 것은 곧 다양한 가치관을 받아들이는 것이다. 아이가 어릴 때부터 다양한 사람과 만나고 경험할 수 있도록 노력해보자. 어른 모임에 데려 가서 부모와 학교 선생님 이외에 다른 어른도 있음을 알려주고 그들과 대화하는 자리를 만드는 것도 좋고, 여름 방학 때는 해외 캠핑에 참가시켜서 여러 나라의 아이들과 교류를 갖게 하는 방법도 좋다.

그렇다면 일상적으로 다양한 사람들과의 관계를 맺을 수 있는 방법은 없을까? 혹시 아이가 입학 전이라면 학교를 고를 때 이 부분을 고려해보면 좋겠다. 보통 사립학교는 시험이라는 필터로 걸러서 비교적 비슷한 사람들이 모인다. 그래서 학교의 질서가 쉽게 유지되고 좋은 영향을 받으며 자랄 수 있다는 장점이 있다.

반면 공립학교는 사립학교와 달리 다양한 환경과 가치관을 가진 아이들이 무작위로 모인다. 그래서 때로는 여러 가지 문제가 생기기도 하지만 이런 환경을 통해 다양한 사람이 있다는 것을 깨닫고 개개인의 개성을 인정하다 보면 이질적인 환경 속에서도 빨리 적응할 수 있는 능력을 키울 수 있다. 공립학교는 마치 다민족·다종교 국가와 유사한 환경, 이른바 글로벌 다양성의 축소판이기 때문에 아이의 커뮤니케이션과 협업 능력의 토대를 만들어준다.

물론 혹여나 나쁜 친구를 사귀거나 왕따를 당할까 걱정이
될 수 있지만 이런 위험은 누구에게나 있다. 개인적으로는 이
런 부정적인 부분을 감수하더라도 사회구조를 익히는 것이
더 중요하다고 생각한다.

조건이 아닌
사람을 봐라

이렇게 다양한 개성이 모인 집단 속에는 나빠 보이는 아이
도 있고 실제로 나쁜 짓을 하는 아이도 있다. 그렇다보니 소
문만 듣고 "저 애와는 놀지 마"라며 아이의 교우관계를 간섭
하는 부모들이 있다. 나는 이런 태도에 찬성할 수 없다. 누군
가가 "저 애는 질이 나쁜 것 같아요" 하면 아무래도 선입견이
생겨서 평소보다 좀 더 주의하게 된다. 주의하고 조심하는 마
음이 생기는 건 어쩔 수 없다. 하지만 아이들을 잘 관찰하면
큰 문제가 일어나는 경우는 많지 않다.

무엇보다 친구와 놀아야 할지 말아야 할지는 당사자가 제
일 잘 안다. 아이들도 본능적으로 함께 놀면 재미있는 친구,
자기를 잘 이해해주는 친구, 성격이 잘 맞는 친구를 고르기

마련이다. 어른들이 보기에 행동이 다소 거친 것 같아도 정직하고 속깊은 아이가 있는가 하면, 겉으로는 얌전하지만 망나니 같은 아이도 있다는 걸 기억해야 한다.

어른이 되어 일을 할 때에도 상대의 근무처나 학력, 직업 등 표면적으로 보이는 것에 현혹되어 그 사람의 본질이나 능력을 잘못 판단하기도 하는데, 이렇게 일을 처리하면 결국 나중에 탈이 생긴다. 아이든 어른이든 조건이 아닌 사람을 보고 판단한다는 자세를 가질 필요가 있다. 이런 자세는 사회에 나와서도 거래처나 업무 파트너, 나아가 결혼 상대를 선택해야 하는 상황이 되었을 때 큰 힘을 발휘한다. 인간성을 보고 상대를 판단하다 보면 사람 보는 눈이 생긴다. 좋은 거래처, 좋은 부하 직원이나 종업원, 그리고 좋은 배우자를 만날 수 있다면 돈뿐만 아니라 행복도 손에 넣을 수 있다.

온실 속에서 자란 아이는 온실 밖
세상으로 나오면 적응하지 못하고
도태될 위험이 있다.

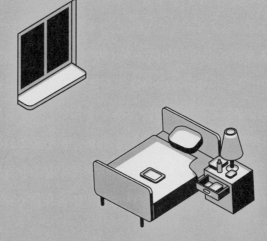

먼저 나서서
나쁜 것을 막지 마라

제2차 세계대전을 배경으로 한 〈맨발의 겐(はだしのゲン)〉이라는 만화가 있다. 한때 너무 잔인하다는 이유로 학교 도서관에서 퇴출 붐이 일어났었다. 이 사건을 통해서 무엇을 지키고 무엇을 얻었는지 생각해볼 필요가 있다. "아직 어리니까 나쁜 영향을 주잖아요"라는 말은 아이들을 믿지 못하는 어른들의 쓸데없는 참견에 지나지 않는다.

아이들에게는 전쟁을 반대한다는 단순하고 맹목적인 외침보다는 전쟁의 비참함이나 인간의 잔인성을 체감하게 해서 왜 반대하는지를 느낄 수 있도록 하는 것이 더 와닿는다. 부모의 입장이나 어른이 생각하기에 나쁜 것으로부터 격리되어 자란 아이들이 사회로 나와서 갑자기 세상의 모순이나 불공평, 불합리 등에 직면했을 때 과연 적절하게 대처할 수 있을까? 온실 속에서 자란 아이는 온실 밖 세상으로 나오면 적응하지 못하고 도태될 위험이 있다.

어른의 잣대로 판단하지 말고, 아이에게 옳고 그름을 가릴 수 있는 판단력과 나쁜 것에 손대지 않는 강인한 정신력을 키워주는 것이 중요하다. 그러기 위해서 아름답고 안전한 것만

이 아닌 그 반대쪽에 있는 것도 동시에 보여줘야 한다. 무조건 막지만 말고 아이와 함께 생각하고 고민하겠다는 자세를 가져보자.

21

하루 빨리
큰물로 내보내라

고향을 떠나서 혼자 생활하는
경제적 자립과 부모의 가치관에서 벗어나
자신의 삶을 선택하는 정신적 자립은
인간적인 성숙으로 이어지고 성공의 토대가 된다.

대도시의 다양성을
경험하게 하라

지방출신자에 한정되는 말이지만, 개인적으로 성공하고 싶다면 적어도 한번은 상경해야 한다고 생각한다. 대도시의 다양성이 자신의 재능과 가능성을 일깨워주기 때문이다. 일본의 경우, 도쿄는 나를 포함해 여러 지방출신자가 모여 있는 곳이고 외국인도 많아서 다양한 가치관이 혼재되어 있다. 특이한 사람도 많고 유명한 사람을 만날 기회도 많다. 이런 곳에 와보면 '저렇게 생각할 수도 있구나, 저런 돈벌이도 있구나, 저런 생활도 가능하구나' 하고 자신과 다른 세상에 눈을 뜰 수 있다.

반면에 시골에서만 살다 보면 만나는 사람도 매번 비슷하고 자기보다 압도적으로 뛰어난 사람과 만날 기회도 적다. 그래서 어떻게 해야 성공할 수 있는지 그 자체를 알기 힘들다.

또한 지방마다 특유의 가치관과 생활습관이 강해서 열린 생각을 갖기 쉽지 않다. 애초에 나와 다르게 사는 사람들이 있다는 사실을 상상할 수 없기 때문에 TV나 인터넷으로 보는 세상 돌아가는 이야기는 상관없는 일이라고 치부하거나, 혹여 흥미가 생겨도 그 토대나 시스템이 보이지 않는다. 결국 자기가 살던 곳에서 한 발짝도 나오지 않는 사람은 발전 속도가 느릴 수밖에 없다.

개인적인 발전을 위해서도 그렇지만 대다수의 기업 역시 시장이 큰 대도시에 집중되어 있으니 일자리도 많다. 이는 현재 직업이 자신과 맞지 않아도 이직이 쉽고 자신의 재능과 특기를 살릴 기회, 혹은 발휘할 기회가 많다는 의미다. 도시에 살면서 얻은 식견과 지혜, 센스는 반대로 도시에서 지방으로 이주했을 때에도 큰 힘을 발휘한다.

지방에서 성공한 사람은 살면서 적어도 한번은 도쿄에 와봤거나 빈번하게 도쿄를 오가는 사람들이 대부분이다. 나 역시 고등학교를 마치자마자 고향을 떠난 후 도쿄에 와서 비로소 미국 공인회계사라는 자격이 있다는 걸 알았다. 당시에는 인터넷이 많이 보급되지 않아서 인터넷으로 정보를 찾을 수 없었다. 도쿄에 있었기 때문에 많은 정보를 얻을 수 있었고, 몰랐다면 목표로 삼을 수도 없었을 것이다. 그 후 취직한 외국계 컨설팅 회사도 도쿄에만 있는 회사였다. 컨설턴트라는 전문직에 종사하게 된 것도, 지금 이렇게 책을 쓸 수 있는 것도 고향을 벗어나 기회가 많은 도시에서 제2의 삶을 꾸렸기 때문이라고 생각한다.

이동은 뭔가를 이루겠다는 의지

땅덩어리가 넓은 미국에서는 도시 간 이동이란 뭔가를 이루겠다는 의지의 표명이라고 한다. 그리고 실제로 이동 거리와 수입 사이에는 재미있는 상관관계가 있는데, 이동 거리가 긴 사람은 수입도 많다는 데이터가 있다. 미국은 국토가 넓어 비교적 이동이 빈번한 편이지만 대개 이동할 때는 더 좋은 조건과 기회를 찾아 떠나는 경우가 많다. 이는 어느 나라든 마찬가지다.

일본에서 성공한 사람 중에도 지방출신자가 적지 않다. 소프트뱅크의 창업자인 손정의가 대표적인 예다. 손정의는 1957년 일본 규슈의 무허가 판자촌 지역에서 태어났다. 아버지의 지원으로 후쿠오카 지역 명문고에 들어갔으나 아버지가 쓰러져 입원한 이후 어머니가 혼자 힘으로 아이들을 키웠고 형이 고등학교를 중퇴하여 가계에 보탬을 줬다. 이런 상황에 손정의가 다니던 학교를 그만두고 미국 유학을 결심하자 가족들은 당연히 반대했을 것이다. 하지만 그는 굴하지 않고 형에게 이렇게 말했다.

"형, 미안한데 가족들을 잘 부탁해. (중략) 당분간만 형이 맡아줘. 난 가족의 미래와 어려운 사람들의 미래를 위해 미국으로 떠날 거야."

가족들의 반대에도 불구하고 더 큰 세상으로 떠나기로 결심한 그는 미국에서 학업을 마치고 자동번역기를 개발해서 번 약 10억 원으로 일본 최대 소프트웨어 유통회사이자 IT투자기업인 소프트뱅크사를 설립했다. 그 후의 활약상은 더 언급하지 않아도 많은 사람이 알 것이다.

자녀를 대도시로 보내면 아무래도 생활비 등 경제적인 부담이 크다. 하지만 일종의 투자라고 생각하자. 대도시에서 태어나서 자랐다면 해외 경험을 해보는 것도 좋다. 뉴욕이나 로스앤젤레스, 런던, 상하이, 홍콩, 싱가포르 등 다양한 인종과 가치관을 경험할 수 있는 곳이면 더할 나위 없다. 고향을 떠나서 혼자 생활하는 경제적 자립과 부모의 가치관에서 벗어나 자신의 삶을 선택하는 정신적 자립은 인간적인 성숙으로

이어지고 성공의 토대가 된다. 어릴 때부터 이런 생각을 반복
해서 알려주고 함께 계획을 짜면, 아이도 자연스럽게 미래에
대해서 스스로 생각해볼 기회를 가지게 될 것이다.

22

"너에게는 무리야"라는
말을 하지 마라

부모의 무기력함은 일상생활 속에서
말과 행동으로 드러난다. '난 할 수 없어'라고
생각하는 부모의 입에서 나오는 말은
'넌 할 수 없어'일 수밖에 없다.

부모의 생각이
곧 아이의 생각이 된다

잡지나 인터넷에서 부모의 소득격차가 자녀의 교육격차를 낳고, 결국 빈곤이 대물림 된다는 내용의 칼럼을 본 적이 있을 것이다. 종종 나오는 이야기다.

부모의 경제력이 대학 진학을 좌우하는 사회 구조는 문제가 있고, 학자금 대출로 고통 받는 청년이 있어서는 안 된다고 생각하는 사람이 많다. 그래서인지 학자금 무상화나 공적 교육투자를 늘리자는 목소리가 매년 커지고 있다. 물론 맞는 말이다. 하지만 당장 현실적인 대안이 되기는 어렵다. 마치 '대학에만 가면 모든 게 해결된다, 돈만 있으면 만사 오케이'라고 말하는 것과 별반 다르지 않아서 문제의 본질이 아니라고 생각한다. 나는 학력과 부유함이 분명 상관관계가 있지만 인과관계는 없다고 생각한다. 즉 고학력이라고 반드시 부자가 될 수 있는 것은 아니라는 것이다.

　개인적으로 빈곤이 대물림 되는 주요 원인 중 하나는 부모의 자녀교육이라고 생각한다. 부모의 사고 방식이나 행동 습관을 보고 배운 아이는 부모와 유사한 삶을 살 수밖에 없기 때문이다. 물론 소득 수준이 낮아도 훌륭한 사람은 많다. 수입이 아니라 일이 좋아서 직업을 선택한 사람도 많다. 병이나 사고로 몸이 불편하거나 미혼모 등 어쩔 수 없는 사정으로 소득 수준이 낮은 사람도 있다. 이런 특별한 사정이나 이유가 없는데도 가난하다면 어려운 문제를 해결하겠다는 도전 의식, 혹은 독창적인 성과를 내겠다는 자세가 결핍되어 있을 가능성이 크다. 요컨대 효율성과 생산성을 높이려는 노력을 게을리하고 있기 때문이다.

　반복하지만, 이 책에서 말하는 돈 버는 능력의 본질은 돈을 버는 토대가 되는 사고나 행동 체계를 갖추는 일(커뮤니케이션 능력, 리더십, 섬세한 사고, 창조력, 혁신 지향, 포기하지 않는 불굴의 의지, 다시 일어서는 힘, 타인에 대한 공감과 배려심 등)이다. 부모가 돈 버는 능력을 키우는 데 노력을 게을리하면 자녀도 이런 소양을 갖추려고 노력하지 않는다.

긍정적이고 발전지향적인 말을 듣고
자란 아이들은 실패를 두려워하지
않고 더 나아가 실패를 기꺼이 받아
들일 준비가 되어 있다.

아이들은 부모의 태도를
보고 배운다

부모의 무기력함은 일상생활 속에서 말과 행동으로 드러난다. '난 할 수 없어'라고 생각하는 부모의 입에서 나오는 말은 '넌 할 수 없어'일 수밖에 없다. 마음이 부정적이기 때문에 말도 시종일관 부정적이다. 아이가 뭔가 물어봐도 "난 몰라", "넌 몰라도 돼"라며 대화를 끝내버린다. 아무리 잠재력 있는 아이라도 이런 부모 아래서 자라면 결국 부모와 똑같은 사고와 행동 패턴이 형성된다.

반대로 성공한 부모는 어떨까? 이들은 대부분 적극적이고, 어려운 문제가 생겨도 과감하게 도전하며, 능력을 키우기 위해 스스로를 매일 단련한다. 이미 어느 정도 위치에 올랐다 하더라도 끊임없이 공부하고, 몸값을 올리기 위해 이직을 하고, 창업해서 상장하는 등 계속 노력하는 삶을 살고 있는 이들에게 성장이란 배움을 뜻한다. 거듭 강조하지만 중요한 건 학력이 아니라 배움에 대한 자세다. 배움은 책상에 앉아 책을 보는 행위가 전부는 아니다. 적극적인 도전 의식이 필요하다. 아이들은 도전이야말로 성장의 원동력이며 실패해도 큰 공부가 된다는 사실을 부모의 말이 아닌 행동을 통해 깨닫는다.

먼저
성공한 부모가 되자

여기서 언급하는 성공한 부모는 '성공할 만한 사고와 태도를 갖춘' 부모를 의미한다. 성공한 부모는 큰 조직에서 부하직원을 관리하는 입장인 경우가 많다. 그래서 직원들의 사기를 진작하고 동기를 부여하는 역할을 주로 한다. 이런 부모의 능력은 아이의 동기부여에도 영향을 미친다. 반대로 빈곤체질인 부모는 동기를 부여하는 능력이 부족해서 관리자 관점에서 인간 심리를 바라보지 못한다. 이런 성향은 자기도 모르게 자녀의 학습 의욕과 진학 의욕을 떨어트리는 결과를 낳는다.

물론 이러한 관리자 마인드는 하루아침에 몸에 익지 않는다. 하지만 조금만 배우면 써먹을 수 있는 수준은 될 수 있다. 예를 들어 피터 드러커의 《피터 드러커 매니지먼트》나 데일 카네기의 《인간관계론》 등의 책을 읽고 자신과 아이의 개성에 맞게 조정하여 실천해보는 방법도 있다.

성공한 부모는 아이가 어려운 문제에 직면했을 때 "네가 할 수 있겠어?"가 아니라 "너라면 할 수 있어"라고 격려하며, 매사에 논리적으로 생각하고 대화하려고 노력한다. 또 아이가 뭔가 궁금해하거나 질문을 하면 귀찮아하지 않고 진지하게 대하며, 모르는 질문에 대해서는 함께 찾아보자고 제안한다. 이처럼 긍정적이고 발전지향적인 말을 듣고 자란 아이들은 실패를 두려워하지 않고 더 나아가 실패를 기꺼이 받아들일 준비가 되어 있다. 언제 어디서나 자신의 행동이 초래할 결과를 예상하고 한순간의 감정으로 일을 망치는 짓 역시 하지 않는다.

물론 예외도 있다. 앞서 손정의의 어린 시절을 예로 들었던 것처럼 가난한 집에서 위대한 인물이 나오기도 한다. '경영의 신'으로 불리는 마쓰시타 전기 창업자 마쓰시타 고노스케는 부모의 파산으로 초등학교를 중퇴하고 견습공으로 나가야 했다. 알리바바의 마윈도, 철강왕 앤드류 카네기도 힘든 어린 시절을 보냈지만 보란 듯이 성공한 케이스다. 하지만 이런 부류는 극히 일부에 지나지 않는다. 대부분의 사람은 부모의 말과 행동에 큰 영향을 받으며 성장한다. 그러므로 아이를 성공한 사람으로 키우고 싶다면 부모가 먼저 성공한 사람의 사고와 태도를 갖추고 귀감이 될 수 있도록 노력해야 한다.

23

○○가 나쁘다고 하지 마라

무엇이든 할 수 있는 가능성과
잠재력을 가진 아이로 키우기 위해서는
모든 일을 자기가 책임지겠다는
생각으로 행동하게끔 가르쳐야 한다.

좋고 나쁨의 기준을
스스로 정할 자유

사람들과 이야기를 나누다보면 "왜 일본에는 애플 같은 기업이 없나요?"라는 질문을 종종 받는다. 이 질문은 애초에 잘못되었다. '왜 미국에서만 애플과 같은 기업이 나오는가, 왜 미국에서만 스티븐 잡스와 같은 창업가가 나오는가'라고 정정해야 할 것이다.

실제로 마크 저커버그나 제프 베조스는 미국 태생 기업가다. 뿐만 아니라 구글 창업자 중 한 사람인 세르게이 브린은 러시아에서, 페이팔을 만든 피터 틸은 독일에서, 테슬라와 스페이스 엑스를 이끌고 있는 엘론 머스크는 남아프리카에서 미국으로 이주해서 창업했다. 이는 러시아나 남아프리카에서는 불가능했던(불가능했을지도 모르는) 일이 미국에서는 가능했다는 걸 의미한다. 무슨 차이가 있었던 걸까. 물론 벤처기업 시장이나 초기 비즈니스에 투자하는 시장의 크기, 성숙도 등 외부 환경에서도 많은 차이가 있겠지만, 근본적으로 미국의 상징적인 가치관 중 하나인 '자유주의'가 결정적인 영향을 미쳤다고 생각한다.

미국은 자유와 기회의 나라다. 자유란 다른 말로 책임을 의미한다. 즉 "마음대로 해도 괜찮아요. 하지만 결과가 어떻게 되던 그건 본인 책임입니다"라는 것이다. "마음대로 해도 괜찮아요. 그 책임은 누군가가 져줘요"는 있을 수 없다.

혹시 습관처럼 "○○은 나빠"라고 말하지는 않는가? 무엇이든 할 수 있는 가능성과 잠재력을 가진 아이로 키우기 위해서는 모든 일을 자기가 책임지겠다는 생각으로 행동하게끔 가르쳐야 한다. 좋고 나쁨의 기준까지도 스스로 판단할 자유를 주고 그에 따른 책임을 질 수 있도록 하는 것이다. 예외도 있겠지만 대학 진학, 취직, 수입 규모, 성공과 실패 등 모두가 최종적으로는 자기의 책임이다. 어렸을 때부터 누구도 자기 인생을 책임져주지 않는다는 사실을 분명히 알고 있어야 스스로 하고 싶은 일과 해야할 일을 찾아 미래를 예측하고 다양한 위험요소에 대비할 수 있다.

하버드대학교에서는 '다른 생각과 표현의 자유를 존중하고 새로운 발견과 비판적 사고에서 기쁨을 발견하라. 협력할 때 리더십을 발휘하라. 자기 행동에 책임을 져라. 평생 지식을 넓히고 사회에 공헌하라'는 미션을 제시하고 있다.

모든 일을 이런 식으로 사고하고 행동하다 보면 독립적으로 생각하고 미리 준비하는 습관을 키울 수 있다. 가격이 지나치게 싼 식당은 반드시 이유가 있을 테니 피하자, 넘어지면 다칠 수 있으니 지하철 탈 때는 뛰어들지 말자 등과 같은 판단력을 '스스로' 키우는 데 도움이 된다. 아이에게 책임의식을 갖게 하면 미래의 직업이나 수입이 달라질 뿐만 아니라 인생의 위험요소를 최소화 하는 소양을 길러줄 수 있다.

24

금전 지원을 멈춰라

부모가 아이에게 줘야 할 것은 돈이 아니라 지혜다.
다만 이렇게 하기 위해서는 부모가
자신만의 확고한 전략적 교육관을 가지고 있어야 한다.

물려줄 재산은
돈이 아니라 지혜

아이에게 돈 버는 능력을 키워주고 싶다면 빨리 독립시켜 자립할 수 있게 해야 하며 사회인이 된 뒤에는 절대 금전적인 지원을 해서는 안 된다.

실제로 성공한 사람의 대부분은 어릴 때 부모를 떠나 독립 했다. 부모와 함께 살면서 창업했다는 이야기는 들어본 적이 없고 돈을 달라고 조르거나 집을 산다며 손을 벌렸던 사람도 없다. 하지만 많은 부모들은 자식이 곤란에 처하면 뭐든 도와 주고 싶어 한다. 나도 마찬가지다. 이런 마음에 문제가 있다 는 게 아니다. 쉽게 돈으로 해결하려는 게 문제다.

예를 들어 집을 사고 싶은데 돈이 없을 때, 부모에게 손을 벌리지 않으려면 은행을 돌며 대출 상담을 하거나 매매자에 게 집값을 조정해달라고 부탁하는 등 스스로 방법을 찾아야 한다. 반면 부모가 도와주면 이런 고민은 하지 않아도 되고, 굳이 아이디어를 낼 필요가 없기 때문에 문제해결 능력이 떨어진다. 중국 고사에 '물고기를 주면 하루 동안 먹을 수 있지만 물고기 잡는 법을 알려주면 평생 동안 먹고 살 수 있다'는 말이 있다. 덧붙여서 낚싯대가 부러질 때를 대비해 낚싯대 만드는 법까지 가르쳐주면 더 좋을 것이다.

즉 부모가 아이에게 줘야 할 것은 돈이 아니라 지혜다. 다만 이렇게 하기 위해서는 부모가 자신만의 확고한 전략적 교육관을 가지고 있어야 한다.

성장할 수 있는 기회를 빼앗지 마라

자녀의 신혼집 지원금보다 훨씬 더 가치 있는 게 뭘까? 일본의 샐러리맨이 평생 버는 평균 임금은 약 3억 엔(약 30억 원)이라고 한다. 만약 자기 자식이 5억 엔을 벌 수 있도록 가르쳤다면 2억 엔의 재산을 남겨준 셈이다. 연봉 1억 엔을 벌 수 있다면 마흔 살부터 예순 살까지 20억 엔이나 버는 것이므로 거액의 재산을 상속받는 것과 마찬가지 효과다. 또한 돈을 남기면 세금을 많이 내야 하지만 지혜는 한번 물려주면 평생 자산이 된다.

성공한 사람 중에서도 특히 자수성가한 사람들은 자식에게 돈을 지원하거나 재산을 남기지 않겠다는 교육관을 가진 경우가 많다. 빌 게이츠는 자식에게 보유자산의 1%만 유산으로 남기겠다고 공언했고, 조지 루카스나 성룡도 거액의 유산은 자식의 인생을 망친다는 생각을 밝혔다. 부모의 금전적인 지원이 오히려 인생의 묘미를 맛볼 기회를 뺏는 셈이라는 것이다. 혹여 아이가 돈이 꼭 필요하다고 하면 증여가 아니라 이자를 포함해서 계약서를 쓰고 돈을 빌려주는 형식을 취하는 게 좋다. 이렇게까지 해야 하냐고 말하는 사람도 있겠지만, 이것이 아이의 성장을 진정으로 바라는 부모의 모습이라는 점을 명심하자.

돈 교육에 앞서
반드시 필요한 것

책을 마무리하면서 경제 교육에 앞서 우선시해야 할 중요한 사항에 대해서 한 번 더 짚고 넘어가고자 한다. 교육에 정답은 없다. 부모는 아이가 적절한 자존감(자신은 가치 있는 존재임을 인식하는 일), 자기효능감(자신은 남들과 사회에 도움을 주고 공헌할 수 있는 존재임을 인식하는 일), 자신감(자신의 생각이나 주장, 발언, 행동에 자신을 가지는 일), 정체성(자기를 확립하여 주체적이고 자주적으로 생각하고 행동하는 일)을 갖도록 아이의 개성에 맞춰 유연하게 대응해야 한다.

부모가 아무리 경제 교육을 열심히 해도 아이의 마음이 성숙하지 않으면 지식도 지혜도 활용할 수 없고 재능을 발휘하여 돈을 벌 수도 없다. 몸은 커져도 마음이 함께 크지 못하는 경우도 있다. 아직 부모가 필요한 아이를 무리하게 독립시키는 것도 옳지 않고, 매번 부모가 나서서 뒤치다꺼리를 하는 것도 옳지 않다. 사람은 각자 성장 속도가 다르기 때문이다. 아이의 개성과 성장에 맞추기 위해서는 먼저 아이를 잘 관찰하고 사소한 변화를 알아차릴 수 있어야 한다. 어딘가 힘이 없다, 눈을 못 마주친다, 반응이 평소와 다르다, 태도가 어색하다 등 변화를 감지하면 어떤 문제가 발생하기 전에 신속한 대처가 가능하다.

동시에 아이의 의지를 존중해야 한다. 아이들은 어려도 자기 나름의 생각이 있다. 부모 생각에 유치할지라도 부모의 입장이나 가치관을 밀어붙여서는 안 된다. '난 할 수 있어'라고 생각하는 아이와 '난 할 수 없어'라고 생각하는 아이의 차이를 만드는 것도 여기서 시작된다. 부모가 자신의 생각을 강요하면 아이는 자기도 모르게 '무슨 말을 해도 마찬가지야, 부모님 말만 잘 들으면 돼' 하고 스스로 생각하기를 포기한다. 생각할 기회를 박탈당한 아이는 자신을 가치 없고 약한 존재로 받아들이며, 자기의 생각과 판단이 올바르지 않다고 여겨 결국 타인의 의견에 쉽게 현혹되는 사람이 되기 십상이다. 중요한 상황에 직면해도 판단을 꺼리고 책임지지 않으려고 하는 사람으로 자라는 것이다.

마음의 성장을
중요하게 생각하자

유흥비를 마련하려고 도둑질을 하거나 원조교제를 하는 아이가 생기는 근본적인 이유는 무엇일까? 외롭기 때문이다. 가정에서부터 자기가 설 자리가 없으면 소외감과 깊은 고독감을 느끼게 된다. '난 소중하지 않아'라는 생각은 자존감 저하로 이어져 스스로를 함부로 대하는 빌미를 제공한다. 마음의 공허함을 메우기 위해 위험을 무릅쓰고 나쁜 일을 저지른다든지 음식이나 쇼핑으로 만족감을 채우려고 하는 것이다. 하지만 마음의 공허함은 이런 방식으로는 채울 수 없다. 마음이 공허한 상태로 어른이 되면 돈에 집착하거나 사람을 함부로 대하는 등 돈도 인간관계도 문제가 끊이지 않는다. 근본적으로 부모의 애정이 부족하면 아이는 정신적으로 자립할 수 없다.

돈은 도구다. 같은 칼이라도 일류 요리사가 사용하면 사람을 기쁘게 하는 요리가 나오지만 마음이 삐뚤어진 사람이 사용하면 범죄에 이용되는 것처럼, 같은 도구라도 사용하는 사람의 마음가짐에 따라 결과가 달라진다.

부모로부터 충분한 애정을 받고 자란 아이들은 '있는 그대로의 나도 괜찮아, 어떤 상황에도 내 곁에는 가족이 있어'와 같은 자존감과 자기효능감이 높다. 자신의 존재가치를 스스로 인정하면 불안하지 않고, 불안하지 않으면 무언가에 집착할 필요도 없다. 삶에 자신이 있는 사람은 돈 때문에 제한이나 제약을 받지 않는다. 즉 돈에 휘둘리지 않는 것이다. 동시에 도구로써 돈을 적절히 사용할 수 있게 된다.

그렇기 때문에 돈 교육 이전에 아이에게 애정을 주고 신뢰관계를 쌓는 것이 가장 중요하다. 이는 과보호와는 전혀 다른 개념이다. 뭐든 부모가 나서서 처리하는 과보호는 정신적 학대라고 할 정도로 아이의 정신발달을 저해한다. 반면 애정을 주고 신뢰관계를 쌓는다는 것은 아이의 감정에 귀를 기울인다는 의미이며 이해하고 공감하고 응원한다는 뜻이다.

아이의 이야기를 부정하거나 끊지 말고 절대 설교하지 말자. "응, 그래, 그래서?"라고 장단을 맞춰 이야기를 이끌어내며(장단은 상대방의 이야기에 흥미가 있고 진심으로 듣고 있다는 표현 수단이다), 무슨 말을 해도 긍정하고 공감하면 아이는 부모에게 무조건적인 애정을 받고 있음을 본능적으로 실감한다.

만약 아이가 잘못해서 변명을 늘어놓더라도, 또는 언성을 높이는 일이 생기더라도 아이가 하는 말을 귀담아 들을 필요가 있다. 부모가 "넌 틀렸어", "변명하지 마" 하고 상대해주지 않으면 무슨 말을 해도 들어주지 않는다고 생각해 마음의 문을 닫고 만다. 아이들은 자신을 이해해주고 언제나 자기편임을 느끼면 안심하고 충고를 받아들인다. 이런 상호 신뢰관계가 아이 삶의 토대가 된다는 것을 기억하자.

나를 포함해서 세상의 모든 부모가 이런 전제가 성립되어야 비로소 돈 교육에 의미가 있음을 알았으면 한다.

우리 아이 부자체질 만드는
엄마의 사소한 행동

초판 1쇄 2019년 8월 26일

지은이 고도 토키오
옮긴이 신찬
책임편집 김은지
마케팅 김선미

펴낸곳 매경출판㈜   **펴낸이** 전호림
등록 2003년 4월 24일(No. 2-3759)
주소 (04557) 서울시 중구 충무로 2(필동1가) 매일경제 별관 2층 매경출판㈜
홈페이지 www.mkbook.co.kr
전화 02)2000-2630(기획편집) 02)2000-2636(마케팅) 02)2000-2606(구입 문의)
팩스 02)2000-2609 **이메일** publish@mk.co.kr
인쇄·제본 ㈜M-print 031)8071-0961
ISBN 979-11-6484-013-7(03370)

이 도서의 국립중앙도서관 출판예정도서목록(CIP)은 서지정보유통지원시스템 홈페이지(http://seoji.nl.go.kr)와
국가자료공동목록시스템(http://www.nl.go.kr/kolisnet)에서 이용하실 수 있습니다.
(CIP제어번호: CIP2019031389)